**COMPREENDER
NOSSA FÉ**

O que é Advento e Natal
O que é Páscoa
O que é Semana Santa

PE. JOSÉ BORTOLINI

O QUE É
TEMPO COMUM

SANTUÁRIO

DIREÇÃO EDITORIAL:
Pe. Fábio Evaristo Resende Silva, C.Ss.R.

CONSELHO EDITORIAL:
Avelino Grassi
Ferdinando Mancilio
Marlos Aurélio
Mauro Vilela
Victor Hugo Lapenta

COORDENAÇÃO EDITORIAL:
Ana Lúcia de Castro Leite

REVISÃO:
Ana Lúcia de C. Leite

DIAGRAMAÇÃO E CAPA:
Junior dos Santos

**Dados Internacionais de Catalogação na Publicação (CIP)
(Câmara Brasileira do Livro, SP, Brasil)**

Bortolini, José
 O que é tempo comum / José Bortolini. – Aparecida, SP: Editora Santuário, 2017.

 ISBN 978-85-369-0478-8

 1. Ano litúrgico 2. Celebrações litúrgicas 3. Espiritualidade 4. Liturgia I. Título.

17-00907   CDD-263.94

Índices para catálogo sistemático:

1. Tempo comum: Liturgia: Cristianismo 263.94

1ª impressão

Todos os direitos reservados à **EDITORA SANTUÁRIO** — 2017

Rua Padre Claro Monteiro, 342 — 12570-000 — Aparecida-SP
Tel: 12 3104-2000 — Televendas: 0800 16 00 04
www.editorasantuario.com.br
vendas@editorasantuario.com.br

SUMÁRIO

Introdução 9

Primeira parte
O TEMPO COMUM NO ANO LITÚRGICO 11

I. O Ano Litúrgico 13
1. Ciclos ou tempos? 13
2. O Domingo 13

II. O Tempo comum 19
1. O que é? 19
2. Quando começa, interrupção, retomada, encerramento .. 20
3. Nosso Senhor Jesus Cristo, Rei do universo 21
4. Os domingos dos anos A, B, C 24
5. Os cantos litúrgicos nos domingos do Tempo comum 26
6. Os dias de semana do Tempo comum 27
    6.1. Leitura 27
    6.2. Evangelho 27

7. Na companhia dos santos 28

8. Sob o olhar e proteção de Nossa Senhora 31

Segunda parte
O ROSTO PRÓPRIO DE CADA EVANGELHO 37

I. O Evangelho de Mateus (Ano A) 39

1. "...Os que estiverem na Judeia fujam..." (Mt 24,16) 39

2. "Vocês serão entregues à tribulação,
   serão mortos e odiados" (Mt 24,9) 41

3. "Tirar do baú coisas novas e velhas" (Mt 13,52) 42

4. "Eu vim completar a Lei" (Mt 5,17) 43

   4.1. Uma homenagem ao Pentateuco 43

   4.2. Uma chave de leitura 45

5. Cinco livrinhos: homenagem ao Pentateuco (Mt 7,24) .. 46

   5.1. Introdução (Mt 1 e 2):
        Jesus é o Rei que vai fazer justiça 46

        a) Mateus 1,1-17 46

        b) Mateus 2,1-12 48

   5.2. Parte narrativa do 1º livrinho (Mt 3 e 4):
        Com Jesus o Reino chegou 50

   5.3. Parte discursiva do 1º livrinho (Mt 5 a 7):
        O Reino é a justiça que liberta 52

   5.4. Parte narrativa do 2º livrinho (Mt 8 e 9):
        A justiça do Reino produz sinais concretos 54

   5.5. Parte discursiva do 2º livrinho (Mt 10):
        os colaboradores para a justiça do Reino 54

5.6. Parte narrativa do 3º livrinho (Mt 11 e 12):
A justiça do Reino entra em choque.........................55
5.7. Parte discursiva do 3º livrinho (Mt 13,1-52):
Parábolas, a justiça do Reino vai vencer..................56
5.8. Parte narrativa do 4° livrinho (Mt 13,53-17,27):
O seguimento do Mestre da justiça.........................58
5.9. Parte discursiva do 4º livrinho (Mt 18):
A justiça do Reino na comunidade..........................59
5.10. Parte narrativa do 5º livrinho (Mt 19 a 23):
O Reino é para todos...61
5.11. Parte discursiva do 5º livrinho (Mt 24 e 25):
O julgamento destrói a sociedade injusta 62
5.12. Conclusão (Mt 26 a 28). A morte e a ressurreição
de Jesus marcam o fim da injustiça........................64

II. O Evangelho de Marcos (Ano B)................................67
1. Perguntas importantes sobre Marcos 67
2. Olhando o Evangelho de Marcos de longe.....................79
3. Os fios coloridos do Evangelho de Marcos.....................81
4. Olhando de perto a subida da montanha
(Mc 1,1-8,30)..89
5. Olhando de perto a descida da montanha
(Mc 8,31-16,8)..97

III. O Evangelho de Lucas 101
1. Pistas para entender o Evangelho de Lucas (Ano C)....101

1.1. Quem foi Lucas?..101
1.2. A obra de Lucas..103
1.3. A pesquisa de Lucas...105

2. Abrindo o Evangelho de Lucas................................106
   2.1. Como está organizado..106
   2.2. Algumas "amarras" entre o Evangelho de Lucas
   e os Atos dos Apóstolos...108
   2.3. Classes sociais no Evangelho de Lucas..................109
   2.4. Solidariedade em Lucas...113
   2.5. O Evangelho dos pobres...117
   2.6. A viagem de Jesus a Jerusalém (e sua volta ao Pai)..118
   2.7. Jesus e as mulheres em Lucas: igualdade..............119
   2.8. Lucas e o ecumenismo...121

Terceira parte
ESPIRITUALIDADE PARA O TEMPO COMUM...125
1. Espiritualidade cheia de esperança...............................127
2. Espiritualidade e meio ambiente..................................129
3. Espiritualidade do arroz com feijão 131

Apêndice
SANTOS E BEM-AVENTURADOS
BRASILEIROS OU QUE VIVERAM NO BRASIL...133

INTRODUÇÃO

O começo do século 20 foi, no campo da Liturgia, marcado por desejo de renovação. A expressão mais forte desse desejo se chama *Movimento litúrgico*, presente em muitos países da Europa. O descontentamento, quase geral, a respeito do modo como a Liturgia era vista e celebrada, ecoou mundo afora e se tornou manifesto por meio de publicações, debates, experiências novas. O Movimento litúrgico aos poucos foi criando a mentalidade da urgência de reforma, de sorte que no início da segunda metade do século passado o papa João XXIII convocou um concílio, o Concílio Ecumênico Vaticano II. Os desejos de reforma expressos de vários modos ecoaram fortemente no Concílio, e o primeiro resultado não tardou a se manifestar. Trata-se da Constituição *Sacrosanctum Concilium*.

A Constituição *Sacrosanctum Concilium*, sobre a Sagrada Liturgia, foi aprovada no dia 4 de dezembro de

1963. É a resposta aos anseios de renovação expressos pelo Movimento litúrgico. Ela aborda o ano litúrgico no capítulo V, parágrafos 102 a 111. Aí são dadas normas para a revalorização do Domingo, para a reforma do ano litúrgico e as festas dos santos. A novidade que se tornou o eixo central do ano litúrgico é a celebração do mistério de Cristo presente no decorrer do tempo, ou seja, não se deve perder de vista que ao longo de todo o ano litúrgico está presente e celebra-se, sempre, o mistério de Cristo. A Semana Santa, com o tríduo pascal, passou a ser o pivô e o ponto de referência para todo o ano. Antes não era assim. Cada semana era como algo independente das outras semanas, sem ligação estreita com as demais semanas. A Constituição *Sacrosanctum Concilium* teve o mérito de aglutinar no mistério pascal de Cristo todas as celebrações, de sorte que todas partem desse mistério pascal e adquirem sentido a partir dele.

Este livro conseguirá despertar no leitor algo adormecido ou relegado ao quarto das coisas deixadas para outro momento. Em primeiro lugar, encontram-se aqui informações sobre o ano litúrgico; a seguir, passa-se ao Tempo comum, que é o período mais longo do ano. Vêm, em seguida, pistas para entender melhor a especificidade de cada Evangelho dos anos A, B, C. Finalmente, algumas orientações para a espiritualidade do Tempo comum.

PRIMEIRA PARTE

O TEMPO COMUM NO ANO LITÚRGICO

I

O Ano Litúrgico

1. Ciclos ou tempos?

O ano litúrgico é composto pelos seguintes tempos: Tempo do Advento, Tempo do Natal, Tempo da Quaresma, Tempo pascal e Tempo comum. Alguns preferem mostrá-lo em ciclos: ciclo do Natal (compreendendo o Advento, Natal e Oitava até o Batismo do Senhor); ciclo da Páscoa (partindo do início da Quaresma e terminando na solenidade de Pentecostes) e Tempo comum. O modo de dividir o ano litúrgico por ciclos é interessante, pois faz pensar numa corrente: cada anel é completo em si mesmo, mas para formar a corrente precisa estar ligado a outros anéis. Nesta apresentação usaremos a divisão tradicional em tempos.

2. O Domingo

Há uma canção judaica muito interessante que pode nos trazer bons ensinamentos. É cantada por uma menina, e o refrão pergunta: "Quem ama o Shabat?" (Shabat = Sábado, dia sagrado para os judeus). Ela mesma responde mais ou menos assim: "Mamãe, papai, vovó, vovô, eu, você, todo mundo". Ela, então, pergunta, fechando o refrão: "Então, por que todos os dias não são Shabat?"

Podemos aprender muita coisa do Judaísmo, útero do Cristianismo. Os judeus nutrem respeito, veneração pelo dia sagrado, o seu Shabat. Ele é saudado como noiva em outra canção, que convida: "Vem, meu amado, vamos recepcionar a noiva, o abençoado Shabat de paz". Sim, a canção chama o Shabat de Noiva, e o autor da música convida o amado povo de Israel a recepcioná-la, a acolher a abençoada Noiva de paz.

É conhecido o rito da luz que abre o Shabat, rito confiado às mães (porque elas dão à luz) com suas filhas: À entrada do Shabat, elas acendem velas, num gesto muito significativo, carregado de simbolismo, como é a luz.

E nós, como saudamos a chegada do nosso dia sagrado, o Domingo? Para nós, cristãos, o abençoado dia da paz é o Domingo, início de novo tempo, marcado pela ressurreição de Jesus. Em muitos casos, o que se vê são bares apinhados de pessoas mais ou menos sóbrias, baladas permissivas, crimes que engordam os programas policiais de rádio e TV... Uma série de barbaridades que fazem envergonhar...

O Domingo na Bíblia

Alguns grupos que se professam cristãos nos criticam por não celebrarmos o sábado como dia sagrado. Por que celebramos o Domingo em vez do sábado? A resposta é tão evidente: Porque somos *cristãos*, seguidores de Cristo. Ele ressuscitou no "primeiro dia da semana" (João 20,1). Os primeiros cristãos se reuniam aos domingos para celebrar a vitória de Cristo sobre a morte. Não faz sentido dizer-se cristão e celebrar o sábado como dia mais importante da semana. *Domingo* é palavra que significa "dia do Senhor". Os primeiros seguidores de Jesus entenderam isso muito bem, dando a esse dia o valor e o peso que lhe são devidos. (Tratei longamente este tema no volume *O que é Semana Santa*, publicado por esta mesma Editora, ao falar da *Espiritualidade do dia que não termina*.) O Apocalipse (1,10) e a Primeira Carta aos Coríntios (16,2) comprovam aquilo que estamos dizendo. Ingenuamente, alguns mostram que Jesus observou o sábado, como os judeus. Sim, observou e também criticou o modo como era celebrado, transgredindo-o em várias ocasiões. Mas se não tivesse ressuscitado no domingo, tudo bem. Porém, ele venceu a morte no Domingo, e nesse dia nós nos reunimos em assembleia para celebrar a sua (e nossa) vitória.

A tarefa é imensa. Trata-se de recuperar valores perdidos. A origem do Shabat talvez nos possa ajudar. Vamos ao primeiro capítulo do Gênesis, no qual se encontra a primeira narrativa da criação. Aí se diz que no sétimo dia Deus descansou. Essa narrativa foi criada pelos sacerdotes na época em que os judeus se encontravam exilados na Babilônia. Lá, deviam trabalhar de sol a sol, todos os dias, sem descanso. Todos os dias eram iguais, marcados pelo esgotamento no trabalho. A escravidão tem a ausência do descanso como uma de suas estratégias para se perpetuar (cf. Êxodo 5,1). Ao dizer que Deus descansou no sétimo dia da criação, esse relato pretende pôr um limite ao trabalho ininterrupto, que arrasta o ser humano para um redemoinho devorador de vidas. O termo Shabat significa *cessar, interromper, descansar, estar de folga...* Ensina que o ser humano não é máquina, não é dominado pelo trabalho massacrante. Mostra que a pessoa precisa de descanso como de algo vital para a própria existência. Além disso, por vir logo após a criação do ser humano no sexto dia, quer fazer-nos entender que a pessoa foi criada para a festa, para o encontro com Deus, para a celebração da vida. Se não houvesse descanso no sétimo dia, o ser humano seria vítima do próprio trabalho e estaria impedido de se relacionar com seu Deus. Surgido na Babilônia, onde dominavam outros deuses, o relato é uma crítica de todos os ídolos que sugam a vida humana. O ídolo não dá nada. Exige tudo e sempre, sem devolver em contrapartida aquilo de que o ser humano necessita.

VAMOS CANTAR?

Poucas e tímidas são as iniciativas para devolver ao Domingo o valor e o peso que lhe são devidos. Mas todo início costuma ser pequeno, e toda tentativa é bem-vinda, como esta **Saudação ao domingo**.

Vem, vem, vem, / dia que aos dias dá valor. / Vem, vem, vem, / dia da alegria e do amor.
1. Tua aurora, com certeza, / traz a luz intensa e forte, / brilha a Vida em sua beleza, / luta e vence a própria morte.
2. No princípio foi a luz / a primeira criação. / No Domingo é Jesus, / nova luz, ressurreição.
3. Vem, domingo, dia de festa, / vem trazer fecundidade, / vem gerar a vida nova, / vem formar comunidade.
4. Da segunda à sexta-feira / trabalhamos sem parar, / na vigília já sonhamos / tua vitória festejar.

(Letra: Pe. José Bortolini. Música: Ir. Míria T. Kolling –
CD Nas asas do amor, Paulus.)

II

O TEMPO COMUM

1. O QUE É?

Damos o nome de Tempo comum à série de 34 (ou 33) semanas que não têm característica própria, como as semanas do Advento ou da Quaresma ou da Páscoa. Constituem o mais longo período do ano litúrgico. E não se deve esquecer que são semanas encabeçadas pelo Domingo. Ele é o dia que aos dias dá valor e sentido. O Domingo é o núcleo central da semana e, mesmo que não seja um Domingo com característica própria – como os domingos do Tempo pascal – é celebração do mistério de Cristo em sua plenitude. Talvez a expressão "Tempo comum" não seja a mais adequada, pois pode passar a impressão de algo inferior em relação aos outros tempos litúrgicos. Mas não é assim. O Tempo comum possui todas as características de tempo forte, "tempo favorável" (cf. 2 Coríntios 6,2), e essas características lhe são dadas, por exemplo, pela celebração da memória dos santos, que, como o apóstolo Paulo, deixaram Cristo viver neles (veja Gálatas 2,20).

2. QUANDO COMEÇA, INTERRUPÇÃO, RETOMADA, ENCERRAMENTO

O Tempo comum tem dois tempos. Inicia-se na segunda-feira após a celebração do Batismo do Senhor (o primeiro Domingo do Tempo comum cede seu lugar à festa do Batismo do Senhor, celebrada no Domingo depois do dia 6 de janeiro). E vai até o início da Quaresma, ou seja, é interrompido pela quarta-feira de Cinzas. O número de domingos é variável, pois a Páscoa muda de data a cada ano, dependendo da lua cheia de março (veja *O que é Semana Santa*, publicado por esta Editora). Variando a data da Páscoa, varia também a da Quaresma, que a antecede. Tomemos como exemplo o ano 2023. A Páscoa acontece no dia 9 de abril. O Tempo comum que se inicia na segunda-feira, após a festa do Batismo do Senhor, termina no dia 21 de fevereiro, contando 7 semanas.

A retomada (8ª semana) se dá na segunda-feira após a solenidade de Pentecostes, que em 2023 será celebrada no dia 28 de maio. E se prolonga até o dia 2 de dezembro, véspera do primeiro Domingo do Advento. No último Domingo do Tempo comum celebramos a solenidade de Nosso Senhor Jesus Cristo, Rei do universo.

Quando o Tempo comum tiver 33 e não 34 semanas, pula-se uma semana na retomada após Pentecostes. É, por exemplo, aquilo que acontece em 2019. Há 8 semanas antes da Quaresma, e na retomada pula-se para a décima semana, de sorte que o encerramento do Tempo comum se dá sempre na 34ª semana.

3. NOSSO SENHOR JESUS CRISTO, REI DO UNIVERSO

Não podia terminar de forma mais espetacular. O Tempo comum, todos os anos, termina com a celebração da solenidade de Nosso Senhor Jesus Cristo, Rei do universo. É fruto de caminhada e de tomada de consciência. Os textos bíblicos lidos nessa solenidade – sobretudo os evangelhos – são eloquentes e falam por si. No Ano A: Ezequiel 34,1-12.15-17; Salmo 24 (23); 1 Coríntios 15,20-26.28; Mateus 25,31-46; Ano B: Daniel 7,13-14; Salmo 93 (92); Apocalipse 1,5-8; João 18,33-37; Ano C: 2 Samuel 5,1-3; Salmo 122 (121); Colossenses 1,12-20; Lucas 23,35-43.

No Ano A, proclama-se o Evangelho de Mateus 25,31-46. É o episódio conhecido como "Juízo final". As nações todas comparecem diante do Rei universal para prestar contas de sua conduta. Como o pastor, esse Rei separa os que na vida agiram com misericórdia para com os necessitados, colocando-os à sua direita e convidando-nos a tomar posse definitiva do seu reinado. À esquerda do pastor estão os que não agiram com misericórdia: são rejeitados para sempre. O critério para participar do reinado de Cristo Rei é a misericórdia praticada ou omitida para com os doentes, famintos, presos, nus, enfim, para com todos os pobres, nos quais se escondia o próprio Rei. "Senhor, eras tu?" é a surpresa de todos, misericordiosos ou não. Sim! O rei estava presente em qualquer pobre e infeliz, e servir a eles era serviço prestado ao Rei.

No Ano B, escutamos nas celebrações o Evangelho de João 18,33-37. É parte do diálogo entre Jesus e Pilatos. O tema é a realeza, mas vista e exercida de forma diametralmente oposta. Pilatos entende a realeza segundo os critérios deste mundo: o rei pode exigir a vida dos seus súditos, e nada faz de errado quando a exige. Jesus, ao contrário, é o Rei que não age segundo os critérios deste mundo. Sua realeza se traduz em serviço e doação até a entrega da própria vida, na cruz. De fato, para o Evangelho de João, a cruz é o trono de Jesus. Seu reinado chega ao ápice nela. E com ele reinam os que agem segundo os critérios dele. Ao dizer "meu reino não é deste mundo", Jesus não está projetando seu reinado para outros tempos, depois desta vida e além deste mundo. Ele está se referindo a este mundo, mas com critérios que não coincidem com a forma como os poderosos exercem o poder.

No Ano C, nas celebrações, proclama-se o Evangelho de Lucas 23,35-43. Chama a atenção o episódio narrado somente por Lucas, a cena do ladrão arrependido, ao qual Jesus garante: "Hoje mesmo, você estará comigo no Paraíso". Dois aspectos se evidenciam na pessoa de Jesus Rei. O primeiro – comum a todos os evangelistas – é a realeza de Jesus. O segundo – próprio de Lucas – é a realeza misericordiosa de Jesus e sua extensão. Até onde esse Rei é misericordioso? No capítulo 6 de Lucas, ele pediu que sejamos misericordiosos como o Pai é misericordioso. Sim, mas até onde chega a misericórdia? Ela não tem limite. Nós é que a delimitamos. O ladrão arrependido obteve misericórdia no extremo momento de sua vida. Mas no coração do Rei misericordioso ela estava sempre à espera. Nós imaginamos que ela tenha um limite. O Rei Jesus nos dá a entender que ela é sem limites.

Os aspectos salientados nos evangelhos dos três anos ressaltam um fato que não podemos contestar: o Tempo comum não podia terminar de modo melhor!

4. OS DOMINGOS DOS ANOS A, B, C

Cada ano, sobretudo nos domingos do Tempo comum, privilegia-se um Evangelho, repetindo o rodízio a cada três anos. Assim, no Ano A predomina o Evangelho de Mateus; no Ano B, Marcos; no Ano C, Lucas. E o Evangelho de João? Ele se encontra espalhado ao longo de todos os anos. Vamos ver de perto essa mobilidade.

Começamos pelo Advento. Nos quatro domingos desse tempo, no Ano A, encontramos o Evangelho de Mateus; Marcos (Ano B) se acha nos dois primeiros domingos (no terceiro se lê João); Lucas (Ano C) aparece no quarto Domingo do ano B e nos quatro domingos do Ano C.

No Natal: Missa da noite, Lucas; na missa do dia, João. Na festa da Sagrada Família, Mateus é lido no ano A; Lucas, nos anos B e C. Na festa do Batismo do Senhor: Ano A: Mateus; Ano B: Marcos; Ano C: Lucas.

Nos cinco domingos da Quaresma. Ano A: Mateus aparece no 1º e 2º domingos; no 3º, 4º e 5º domingos, encontramos João. Ano B: Nos dois primeiros domingos, lê-se Marcos; nos restantes, João. Ano C: Lucas comparece nos quatro primeiros domingos; no 5º temos João.

No Domingo de Ramos, o Evangelho lido na bênção dos ramos segue este critério: Ano A: Mateus; Ano

B: Marcos ou João; Ano C: Lucas. Na missa, ouvimos a narrativa da Paixão, seguindo o rodízio dos anos A, B, C. Na Quinta-feira Santa lê-se sempre João. O mesmo acontece na Sexta-feira Santa, quando escutamos o relato da Paixão segundo João. Na Vigília Pascal, comparecem os três evangelhos do rodízio. No Domingo da Páscoa, escuta-se sempre a leitura do Evangelho de João.

Nos domingos do Tempo pascal: 2º domingo: João, nos três anos; 3º Domingo: Lucas nos anos A e B; João no Ano C. 4º Domingo: João nos três anos; o mesmo acontece no 5º, 6º e 7º domingos. Na festa da Ascensão, temos o rodízio dos três anos. Em Pentecostes, é sempre João. Na solenidade da Santíssima Trindade: João nos anos A e C; Mateus no ano B.

No Tempo comum: 2º Domingo: João nos três anos. Do 3º Domingo ao 34º, no Ano A: Mateus; no Ano C: do 3º Domingo ao 34º: Lucas. No Ano B: do 3º ao 16º, Marcos; do 17º ao 21º: João. Retoma-se Marcos no 22º até o 33º Domingo. No 34 retorna João.

Detalhe importante: Nos domingos do Tempo comum, a primeira leitura é sempre tirada do Antigo Testamento e tem a função de "preparar" o terreno para o Evangelho. Portanto, a primeira leitura e o Evangelho constituem um esquema que podemos chamar preparação-realização ou anúncio-realização. A segunda leitura não participa desse esquema. Normalmente, é leitura sequencial ou continuada de um livro do Novo Testamento. Na origem, parece que se tinha em mente a realização do seguinte esquema: anúncio (1ª leitura), realização (Evangelho), pastoralidade (2ª leitura). Mas o terceiro elemento (2ª leitura) nem sempre se encaixa nesse esquema, funcionando isoladamente.

5. OS CANTOS LITÚRGICOS NOS DOMINGOS DO TEMPO COMUM

Há comunidades que se esforçam para cantar nas missas do Tempo comum (e também nos outros domingos) cantos sintonizados com o tema central do dia, fornecido pelo Evangelho. Que bom! E há comunidades para as quais qualquer canto serve, dando a impressão de que o canto é um acessório dispensável, uma espécie de enfeite que não tem nada a ver com a celebração. Que pena!

Nas últimas décadas, as pessoas ligadas à Liturgia fizeram grande esforço de produzir letras e melodias sintonizadas com Evangelho proclamado no Domingo. Esse esforço está concentrado em fascículos e CDs à espera da boa vontade dos ministérios de música das paróquias. Pela internet, é possível encontrar as cifras (para violão) de inúmeros cantos litúrgicos. Isso demonstra que há grande riqueza à espera para apoiar o esforço dos responsáveis, de sorte que os cantos na Liturgia sejam tão essenciais quanto os demais elementos.

6. Os dias de semana do Tempo comum

Nos dias de semana do Tempo comum, a dinâmica é diferente, mas não deixa de ser interessante e útil para a formação do cristão. Nas missas desses dias, temos apenas uma leitura e o Evangelho, e entre eles o Salmo responsorial e a Aclamação.

6.1. Leitura

A *leitura* está organizada em *anos pares* e *anos ímpares*. Alternando Antigo e Novo Testamento, lemos os principais trechos de todos os livros da Bíblia, exceto os evangelhos. O objetivo dessa organização é oferecer às pessoas – no espaço de dois anos – uma visão de toda a Bíblia mediante a leitura de suas partes principais.

6.2. Evangelho

Proclamam-se, de forma sequencial e progressiva, praticamente todos os trechos de Marcos, Mateus e Lucas (nesta ordem), que são, respectivamente, os evangelhos dos anos B, A, C. O objetivo é proporcionar a quem participa diariamente da missa, uma visão geral desses três evangelhos. Nos dias de semana do Tempo comum não acontece a interação que encontramos nos domingos desse Tempo, ou seja, o esquema preparação/anúncio (1ª leitura, sempre tirada do Antigo Testamento) e sua realização, na pessoa de Jesus (Evangelho).

7. NA COMPANHIA DOS SANTOS

No passado, ouvia-se muito dizer: "O papa caçou o santo...". Nenhum santo foi caçado, justamente porque se o santo realmente existiu, o mérito é só dele. Ninguém faz um santo. O santo é que se faz. E se alguém viveu santamente nesta terra, a Igreja só pode declará-lo santo. Então não é correto afirmar que o papa caçou determinado santo. O que aconteceu então?

Esse modo de falar é consequência de uma determinação do primeiro documento aprovado e publicado pelo Concílio Vaticano II, chamado de *Sacrosanctum Concilium*, sobre a sagrada Liturgia. No parágrafo 111 se lê: "Os santos são particularmente venerados na Igreja, através de suas relíquias e imagens. As festas dos santos proclamam as maravilhas de Cristo manifestadas por seus servidores e oferecem ocasião para os fiéis contemplarem o seu exemplo. Para que as festividades dos santos não suplantem a comemoração dos mistérios da salvação, muitas delas, de caráter particular, passem a ser celebradas unicamente nas igrejas, nações ou famílias religiosas respectivas, só se estendendo à Igreja universal as festas que têm, realmente, importância universal".

O texto é muito claro. Os santos continuam sendo celebrados. A mudança se dá no alcance que eles têm e sua maior ou menor importância no cenário mundial. Dessa forma, determinado santo pode ser muito importante para um país ou continente, e menos importante para outro país ou continente. Determinado santo pode ser importante para a paróquia à qual você pertence, e menos importante para a paróquia vizinha. E assim por diante.

Temos, então, a seguinte classificação:

• Santos importantes para o mundo inteiro e celebrados em solenidade. Por exemplo: São José (19 de março, solenidade); as solenidades do mês de junho, que estão na origem das populares festas juninas: Natividade de São João Batista (24 de junho), São Pedro e São Paulo (29 de junho. No Brasil, celebrada sempre no domingo); e assim por diante.

• Santos importantes para o mundo inteiro e celebrados em festa. É o caso dos apóstolos. Por exemplo, 24 de agosto: São Bartolomeu, apóstolo; 21 de setembro: São Mateus, apóstolo e evangelista. Ou outros santos universalmente importantes. Por exemplo, 25 de abril: São Marcos, evangelista. E assim por diante. Veja, no Apêndice no final deste livro, a lista de Santos e Bem--aventurados brasileiros ou que viveram no Brasil.

• Santos importantes para um país ou continente e celebrados em festa. Exemplo: 23 de agosto: Santa Rosa de Lima, padroeira da América Latina. E assim por diante.

• Santos celebrados universalmente como memória. Exemplo: 27 de agosto: memória de Santa Mônica.

• Santos importantes para outros países, mas para nós sua memória é facultativa. Exemplo: 25 de agosto: São Luís de França, importante para os franceses e as eventuais paróquias do Brasil das quais é padroeiro, mas de importância menor para o resto do Brasil.

No parágrafo 104, a *Sacrosanctum Concilium* afirma que a Igreja prega o mistério pascal nos santos que sofreram com Cristo e com ele são glorificados; propõe aos fiéis seus exemplos que atraem todos ao Pai por meio de Cristo, e implora, por seus merecimentos, os benefícios de Deus. Desse costume se originou a festa de Todos os

Santos, celebrada em Roma desde o século 9º. O dia 1º de novembro foi escolhido para essa solenidade. No Brasil, a solenidade é celebrada no domingo seguinte, caso o dia 1º não caia em domingo. Porém, quando o dia 2 de novembro cai em domingo, a solenidade de Todos os Santos é celebrada no sábado, 1º de novembro.

> Nestes últimos anos foram declaradas santas (canonizadas) muitas pessoas, por isso o Missal Romano ficou desatualizado. Na CNBB, há uma Comissão Episcopal para os Textos Litúrgicos (Cetel) tralhando na revisão dos textos.

7. SOB O OLHAR E PROTEÇÃO DE NOSSA SENHORA

Sem levar em conta as solenidades de Maria ao longo de todo o ano litúrgico: Imaculada Conceição (8 de dezembro); Solenidade de Santa Maria, Mãe de Deus (1º de janeiro) etc., é interessante perceber que o Tempo comum celebra praticamente a vida inteira de Maria, resumida em algumas celebrações. Assim: 8 de setembro: Festa da Natividade de Nossa Senhora (nove meses após a solenidade da Imaculada Conceição, no Tempo do Advento); 12 de setembro: Memória facultativa do Santíssimo nome de Maria; 21 de novembro: Memória da Apresentação de Nossa Senhora; 31 de maio: Festa da Visitação de Nossa Senhora (às vezes, dentro do Tempo pascal); 15 de agosto (no Brasil, no terceiro Domingo desse mês): Solenidade da Assunção de Nossa Senhora; 22 de agosto: Memória de Nossa Senhora Rainha.

Vamos comentar brevemente essas celebrações, servindo-nos em parte das informações do Missal Romano.

8 de setembro: Festa da Natividade de Nossa Senhora. Festa introduzida no século 7º pelo papa Sérgio I, seguindo a tradição das Igrejas do Oriente. Está intimamente ligada à vinda do Messias como promessa, preparação e fruto da salvação. É a Aurora que precede o Sol da justiça.

12 de setembro: Memória facultativa do Santíssimo nome de Maria. O Missal Romano não contempla essa memória. Inicialmente, era celebrada somente em Cuenca (Espanha). Tornada festa universal por Papa Inocêncio XI.

21 de novembro: Memória da Apresentação de Nossa Senhora. A apresentação de Nossa Senhora no Templo de Jerusalém não tem fundamentação bíblica. Baseia-se no protoevangelho de Tiago, um livro não canônico. Começou a ser celebrada nas Igrejas do Oriente no século

6º, chegando ao Ocidente oito séculos mais tarde. Nessa celebração ressalta-se a consagração de Maria, vista como modelo de consagração ao Senhor.

31 de maio: Festa da Visitação de Nossa Senhora. Às vezes, ainda dentro do Tempo pascal, essa festa está baseada na visita de Maria a Isabel, narrada pelo evangelista Lucas (1,39-45). Ressalta-se a pressa de Maria em levar Jesus ao próximo, como primeira e insuperável missionária; e evidencia-se também sua disponibilidade em servir, sobretudo aos mais necessitados. Nota: Essa festa deveria ser celebrada logo após a solenidade da Anunciação do Senhor (25 de março), logo depois que o Anjo Gabriel revelou a Maria que Isabel estava no sexto mês de gravidez. Mas visto que no período após 25 de março estamos sempre em tempo quaresmal ou Semana Santa, descolou-se essa festa para depois do Tempo pascal.

Terceiro Domingo de agosto (no Brasil): Solenidade da Assunção de Nossa Senhora. Comemoramos um acontecimento que não é diretamente narrado pela Bíblia, mas é resultado de longa caminhada, até se tornar um dos dogmas marianos, proclamado pelo papa Pio XII em 1950. É justo que se pense assim e é lógico imaginar a Mãe junto do seu Filho na glória, pois ela esteve, mais que qualquer pessoa, perto do seu Filho aqui na terra. Maria é o primeiro ser humano a ser glorificado em corpo e alma. De certa forma, ela aponta para nós nosso destino final: a ressurreição e a vida definitiva com Deus. A "Dormição de Nossa Senhora" está entre as mais antigas festas marianas celebradas tanto pelas Igrejas do Oriente quanto pelas do Ocidente.

22 de agosto: Memória de Nossa Senhora Rainha. Também essa memória não tem respaldo direto na Bíblia. Há textos bíblicos que podem servir de inspiração, por exemplo 2Tm 2,11-12: "Fiel é esta palavra: Se com ele morremos, com ele viveremos. Se com ele sofremos, com ele reinaremos". A memória foi criada pelo papa Pio XII em 1955. De certa forma, é decorrência do dogma que celebra a sua assunção. Os católicos celebram esse fato quando rezam o quinto mistério glorioso do Rosário.

***

Aquilo que acabamos de apresentar é um motivo a mais para afirmar que o Tempo comum não é longo período rotineiro e praticamente sem surpresas ou motivos para celebrá-lo intensamente. Além das grandes festas marianas, dentro e fora do Tempo comum, temos estas e outras comemorações particulares e memórias de Nossa Senhora:

* As inúmeras congregações, ordens religiosas etc. têm sempre em sua espiritualidade a presença de Ma-

ria, invocada com algum título especialmente importante para elas.

• Ela é, com vários títulos, padroeira de continentes, países e, no Brasil, também de Estados e muitas cidades.

• É padroeira principal de muitas arquidioceses e dioceses, no Brasil e fora dele.

• Empresta seu nome a inúmeras paróquias e suas capelas, com títulos tradicionais ou novos.

• Dá nome a instituições públicas e privadas.

• Está presente de forma constante na vida do povo.

***

Para que vivamos mais intensamente o Tempo comum e seus evangelhos dominicais organizados em anos A, B, C, apresentamos a seguir algumas informações acerca de cada Evangelho. Não são completas, nem pretendem ser exaustivas. Querem simplesmente ajudar a entender o fenômeno.

SEGUNDA PARTE

O ROSTO PRÓPRIO
DE CADA EVANGELHO

I

O Evangelho de Mateus
(Ano A)

1. "... Os que estiverem na Judeia fujam..." (Mt 24,16)

No ano 67, Vespasiano, general e futuro imperador romano, à frente de 60.000 soldados, ocupa e conquista a Galileia, a terra onde Jesus viveu a maior parte de sua vida. É o começo daquilo que conhecemos como "Guerra Judaica", narrada por Josefo, historiador judeu e prefeito de Jotapata, uma cidade da Galileia caída em poder dos romanos. Josefo sobreviveu para escrever a história por ter-se entregue e bandeado para o inimigo.

O começo da Guerra Judaica coincide com a fuga dos cristãos da Judeia, pois as tropas romanas vão descendo em direção a Jerusalém, até conquistá-la e destruí-la no ano 70, sob o comando de Tito, filho do imperador Vespasiano.

Sendo todos de origem judaica, os cristãos da Judeia fugiram em direção ao rio Jordão, levando consigo o que podiam, também suas memórias dos atos e palavras de Jesus. Esses cristãos estavam ligados sobretudo ao antigo cobrador de impostos Mateus, um dos doze apóstolos, ao qual se atribui o Evangelho que traz o seu nome.

Chegados ao vale do Jordão, os cristãos foram subindo em direção à nascente do rio. Uns se instalaram na região pagã chamada Decápole, mais exatamente na cidade de Pela. Outros subiram ainda mais, indo morar ao norte da Galileia e sul da Síria. Desde já ficamos sabendo que o Evangelho de Mateus nascerá de grupos cristãos judeus vivendo no estrangeiro. Esse detalhe parece importante, pois Mateus é o único evangelista a narrar a fuga da Sagrada Família para o Egito. Podemos logo afirmar que o rosto de Jesus nesse Evangelho tem os mesmos traços das comunidades que o transmitiram.

Vivendo como estrangeiros, esses cristãos enfrentaram todas as dificuldades e conflitos próprios de grupos forçados a emigrar: costumes diferentes, língua desconhecida, sem trabalho, sem terra, malvistos pelas populações locais etc. Lendo o Evangelho de Mateus com lente de aumento e sensibilidade, podemos detectar nele passagens confortadoras e iluminadoras diante dessas situações.

O título acima foi tirado propositalmente do Evangelho de Mateus. Vendo-se obrigados a fugir por causa da guerra e para escapar da morte, os cristãos judeus que nos deram o Evangelho de Mateus certamente se recordavam das palavras de Jesus, ditas quase quarenta anos antes: "Os que estiverem na Judeia fujam...".

2. "VOCÊS SERÃO ENTREGUES À TRIBULAÇÃO, SERÃO MORTOS E ODIADOS" (MT 24,9)

O general Tito, futuro imperador, tomou e destruiu a cidade de Jerusalém no ano 70. Desapareceram o Templo, o Sacerdócio, os sacrifícios, o Supremo Tribunal (Sinédrio) e praticamente tudo aquilo que sustentava a religião dos judeus. Restaram apenas dois grupos significativos, que foram se recompondo aos poucos: os fariseus e os doutores da Lei (também chamados de escribas).

O centro dessa reorganização não era mais a cidade de Jerusalém. Esses dois grupos escolheram a cidade de Jâmnia, no litoral. Foi aí que o judaísmo renasceu, com forte apego à Lei. Entre as muitas decisões tomadas por essas lideranças judaicas encontramos uma que diz respeito aos cristãos que professavam a fé em Jesus Messias. Publicaram um texto chamado "As dezoito bênçãos". A décima segunda pedia a Deus que "matasse os hereges", ou seja, os cristãos que aderiam a Jesus Messias. Começou assim terrível perseguição contra os cristãos, mortos em nome de Deus. Isso aconteceu por volta do ano 80, quando o Evangelho de Mateus começa a ser escrito na forma que encontramos hoje.

Este é certamente o motivo mais forte de o Evangelho de Mateus apresentar os fariseus e doutores da Lei como os piores inimigos de Jesus. O capítulo 23 é o texto mais violento contra esses dois grupos, chamando-os de assassinos e responsabilizando-os pela morte de todos os justos assassinados ao longo da história. Perguntamo--nos se são palavras do próprio Jesus ou se são reflexo das comunidades ligadas a Mateus e perseguidas por iniciativa desses dois grupos. De qualquer modo, nossa sensibilidade ecumênica e pastoral procura outros caminhos em vista do entendimento e da reconciliação.

3. "TIRAR DO BAÚ COISAS NOVAS E VELHAS" (MT 13,52)

Dissemos que os cristãos judeus, fugindo da guerra, levaram consigo suas memórias acerca das palavras e atos de Jesus. De fato, no Evangelho de Mateus encontramos muitas passagens que só ele guardou e transmitiu, por exemplo, a parábola dos operários desempregados contratados em vários horários para trabalhar na colheita de uvas (capítulo 20). Outros episódios são contados de modo diferente, por exemplo: os cegos de Jericó são dois (Mt 20,29-34) e não apenas um, como em Marcos (10,46-52).

Muitos textos de Mateus são tirados de Marcos, sinal de que Marcos apareceu por escrito antes de Mateus, servindo-lhe de fonte inspiradora na composição do Evangelho. É, por exemplo, o caso da "parábola do semeador" (compare Mateus 13,3-9 com Marcos 4,3-9).

Além disso, Mateus e Lucas têm uma fonte inspiradora desconhecida de Marcos. Em outras palavras, certos episódios não se encontram em Marcos, mas apenas em Mateus e Lucas. É por exemplo a parábola do fermento na massa. Ela só se encontra em Mateus 13,33 e Lucas 13,20-21.

Essas informações são importantes para perceber como o Evangelho de Mateus foi sendo vivido e construído até chegar a nós na forma em que se encontra.

4. "EU VIM COMPLETAR A LEI" (MT 5,17)

4.1. Uma homenagem ao Pentateuco

O Evangelho de Mateus é muito bem construído. Sua arquitetura é provavelmente uma homenagem ao Pentateuco, isto é, o conjunto dos cinco primeiros livros da Bíblia, que os judeus chamam de Torá (Lei): Gênesis, Êxodo, Levítico, Números e Deuteronômio. Já vimos que as comunidades ligadas a Mateus e que nos deram o Evangelho do mesmo nome eram de origem judaica. Tinham, portanto, muita estima pelo Antigo Testamento, suas normas e personagens.

Assim sendo, no arranjo final, o Evangelho de Mateus foi dividido em cinco pequenos livros, uma espécie de nova Lei. Entre uma introdução (capítulos 1 e 2) e uma conclusão (capítulos 26 a 28) encontramos os cinco livrinhos, cada qual dividido em duas partes: uma parte *narrativa* (Mateus narra fatos) e uma parte *discursiva* (Jesus faz longas catequeses). Assim:

Primeiro livrinho: *parte narrativa:* capítulos 3 e 4; *parte discursiva:* capítulos 5 a 7.

Segundo livrinho: *parte narrativa:* capítulos 8 e 9; *parte discursiva:* capítulo 10.

Terceiro livrinho: *parte narrativa:* capítulos 11 e 12; *parte discursiva:* 13,1-52.

Quarto livrinho: *parte narrativa:* 13,53-17,27; *parte discursiva:* capítulo 18.

Quinto livrinho: *parte narrativa:* capítulos 19 a 23; *parte discursiva:* capítulos 24 e 25.

Aspecto interessante: as duas partes de cada livrinho estão interligadas, uma remetendo à outra, uma explicando a outra.

4.2. Uma chave de leitura

É possível ler Mateus com uma chave de leitura importante. Ela é tirada das primeiras palavras de Jesus nesse Evangelho: "É nosso dever cumprir toda a justiça" (3,15). As primeiras palavras de Jesus em cada Evangelho são uma espécie de programa de vida. Portanto, em Mateus, Jesus se apresenta como o cumpridor da justiça que faz o Reino de Deus acontecer. Em outras palavras, ele é o Mestre da justiça. Isso é demonstrado mediante ações e palavras.

Naquele tempo, havia muita expectativa em torno da vinda do Messias Rei. No Antigo Testamento, na época da monarquia (por volta do ano 1.000 até o ano 586 antes de Jesus nascer), a principal tarefa do rei era *fazer justiça*. Esse ato tinha duas dimensões ou níveis: interno e externo. Internamente, o rei devia defender os pobres da ganância e da prepotência dos poderosos; em nível internacional, o rei devia defender o povo das agressões estrangeiras.

Sendo de origem judaica, é compreensível que as comunidades de Mateus insistam muito na apresentação de Jesus enquanto Rei. É por isso, por exemplo, que o Evangelho de Mateus insiste no fato de Jesus ser descendente do rei Davi, que passou à história como rei justo. Outro exemplo: Mateus é o único a registrar a visita dos Magos, que chegam a Jerusalém perguntando onde está o recém-nascido rei dos judeus. Você pode ler todo o Evangelho nesta perspectiva: Jesus é o rei que veio fazer justiça para que assim surja o reinado de Deus.

5. CINCO LIVRINHOS: HOMENAGEM AO PENTATEUCO (MT 7,24)

Vamos ver de perto os cinco livrinhos que compõem o Evangelho de Mateus, com a Introdução e a Conclusão.

5.1. Introdução (Mt 1 e 2): Jesus é o Rei que vai fazer justiça

a) Mateus 1,1-17

Mateus começa com a árvore genealógica de Jesus. Com isso se pretende sublinhar várias coisas. Em primeiro lugar, se diz que ele é filho de Davi, o rei *justo*, e filho de Abraão, o patriarca que foi declarado *justo* por causa de sua fé. A promessa feita a Abraão contemplava também uma descendência da qual sairiam reis (Gênesis 17,6). Jesus, portanto, é descendente legítimo do patriarca Abraão; enquanto rei, é cumpridor da promessa que Deus lhe fizera.

Mas é também descendente de Davi, o rei que passou à história como o mais justo de todos. A esse rei Deus fez a promessa de um descendente que iria ocupar o seu trono (2 Samuel 7,14). Dizer, portanto, que Jesus é filho de Davi, é afirmar que ele é seu legítimo rei sucessor.

A árvore genealógica de Jesus em Mateus é muito diferente da árvore genealógica de Lucas 3,23-38. A razão é muito simples: ambos têm intenções diferentes. Mateus destaca a linhagem real de Jesus. Por isso, depois dos patriarcas, acrescenta, a partir de Davi e Salomão, os nomes dos reis de Judá; e, depois do exílio na Babilônia, os nomes das lideranças judaicas.

Mateus divide a árvore genealógica de Jesus em três etapas perfeitamente iguais: época dos patriarcas, época dos reis, época das lideranças, salientando que em cada uma delas há catorze gerações. A construção é perfeita, porém artificial, pois pelo menos na etapa da monarquia, vários reis são omitidos. Por quê? A resposta é esta: Além de apresentar a árvore genealógica de Jesus como algo perfeito, Mateus quis fazer uma homenagem ao rei Davi. De fato, se somarmos os valores numéricos das consoantes hebraicas que compõem o nome de Davi (dwd), temos o número 14. Assim: d = 4; w = 6; d = 4.

Apesar de haver entre os antepassados de Jesus reis terrivelmente injustos e opressores, como Manassés e Amon, Jesus é o legítimo rei sucessor de Davi; é o Rei que vai fazer justiça.

b) Mateus 2,1-12

A visita dos magos se encontra só em Mateus 2,1-12. Os outros Evangelhos nada falam desse episódio. As comunidades ligadas a Mateus eram de origem judaica. Esse detalhe é importante para compreender o que está por trás do episódio conhecido como a visita dos magos a Jesus.

Mateus não diz que eram reis. Simplesmente afirma que *"alguns magos do Oriente chegaram a Jerusalém"* (Mt 2,1). Qual seria esse "Oriente" os estudiosos não sabem definir com exatidão. A frase de Mateus mostra outra coisa: ele não diz quantos eram.

Para entender o que está por trás desse episódio, é necessário descobrir as citações do Antigo Testamento embutidas na cena, fazendo dessa visita uma espécie de caixa de ressonância. Vejamos isso de perto:

• Em primeiro lugar, encontramos aí uma referência ao Salmo 72,10-11.15, que afirma: *"Que os reis de Társis e das ilhas lhe paguem tributos. Que os reis de Sabá e Seba lhe ofere-*

çam seus dons. *Que todos os reis se ajoelhem diante dele, e todas as nações o sirvam... Que ele viva e lhe tragam o ouro de Sabá! Que rezem por ele sem cessar, e o bendigam o dia todo!"* Em base a este texto, os magos foram chamados de reis.

- Em segundo lugar, é preciso recordar Gênesis 49,10, que diz: *"O bastão de comando não se afastará de Judá, nem o cetro do meio de seus pés, até que lhe seja trazido o tributo e os povos lhe obedeçam"*. Bastão de comando e cetro são símbolos da realeza.

- Em terceiro lugar, está presente uma citação de Números 24,17: *"Eu o vejo, mas não é agora; eu o contemplo, mas não de perto: uma estrela avança de Jacó, um cetro se levanta de Israel"*.

- A citação mais importante e explícita é a de Miqueias 5,1-3: *"E você, Belém de Éfrata, tão pequena entre as principais cidades de Judá! É de você que sairá para mim aquele que será o chefe de Israel. A origem dele é antiga, desde os tempos remotos. Pois Deus os entrega até que a mãe dê à luz, e o resto dos irmãos volte aos israelitas. De pé, ele governará com a própria força de Javé, com a majestade do nome de Javé, seu Deus. E habitarão tranquilos, pois ele estenderá o seu poder até as extremidades da terra"*.

- Está presente também Isaías 49,23, passagem em que, por meio do profeta, Deus diz a Sião: *"Os reis serão seus cuidadores e as princesas serão amas-de-leite. Com o rosto por terra, prestarão homenagem a você, lamberão a poeira de seus pés, e você ficará sabendo que eu sou Javé, aquele que nunca decepciona quem nele confia".*

• Parece que por trás do episódio dos magos esteja o texto de Isaías 60,1-6, dirigido à cidade de Jerusalém, sobretudo o versículo 6: *"Uma grande multidão de camelos invade você, camelos de Madiã e Efa; de Sabá vem todo mundo, ouro e incenso é o que eles trazem, e vêm anunciando os louvores de Javé".*

• Último detalhe: Quando os magos chegam à casa em que está Jesus, Mateus simplesmente diz que eles "viram *o menino com Maria, sua mãe*", sem mencionar José. Esse detalhe é fundamental para a compreensão de Jesus como Rei. De fato, sempre que o segundo livro dos Reis apresenta um rei de Judá, ele o faz citando o nome da mãe, por exemplo, Joatão, filho de Jerusa (veja 2Rs 15,32-33).

5.2. Parte narrativa do 1º livrinho (Mt 3 e 4): Com Jesus o Reino chegou

Mateus narra fatos referentes à vida de Jesus. Destacamos alguns aspectos. Em primeiro lugar, o anúncio de João Batista (Mt 3,1-12). Ele anuncia a chegada do Senhor como juiz que dará a cada um segundo sua conduta.

Ora, naquele tempo, supunha-se que o rei devesse fazer justiça, instaurando o julgamento, como era atributo do rei no Antigo Testamento.

Em segundo lugar, como já foi dito, chamam nossa atenção as primeiras palavras de Jesus no Evangelho de Mateus, por ocasião do seu batismo: "*Devemos realizar toda a justiça*" (Mt 3,15). Além disso, uma voz vinda do céu o proclama Filho amado, no qual Deus encontra seu agrado (Mt 3,17). A expressão "Filho amado" faz pensar no Salmo 2,7. É um salmo que fala da coroação e posse de um rei de Judá. Nesse dia, Deus o adotava como filho. A referência ao "agrado" é tirada de Isaías 42,1. Aí se fala de um servo que vai fazer as vontades de Deus. Resumindo, então, temos a seguinte afirmação: Jesus é o Rei--Messias que vai servir a Deus e ao seu projeto de justiça.

Em terceiro lugar, chamamos a atenção para as tentações de Jesus no deserto (Mt 4,1-11). As tentações são propostas que se chocam com o modo de Jesus realizar a justiça, ação que provoca o surgimento do reinado de Deus. O diabo sugere a Jesus que transforme pedras em pães para matar a própria fome. Em outras palavras, a sugestão é que ele pense somente em si e nas suas necessidades básicas. A resposta de Jesus deve ser entendida muito além das simples palavras ditas em seguida. De fato, ele se ocupará com a fome das multidões, ensinando-as a partilhar, nos episódios que conhecemos como "multiplicação dos pães". Enquanto cada um pensar somente em si, a justiça do reino não acontecerá.

5.3. Parte discursiva do 1º livrinho (Mt 5 a 7):
O Reino é a justiça que liberta

Os capítulos 5 a 7 formam o "Sermão da Montanha". Nele temos as bem-aventuranças e uma série de situações da vida do cristão que exigem muito mais de quanto se exigiu no passado. Jesus diz: "Antigamente era assim... hoje, porém, será diferente". Isso constitui a novidade trazida pela justiça do Reino.

As bem-aventuranças são proclamações de felicidade. A primeira (*"Felizes os pobres em espírito, porque deles é o Reino dos Céus"*) e a oitava (*"Felizes os perseguidos por causa da justiça, porque deles é o Reino dos Céus"*) são muito semelhantes entre si: não têm uma promessa futura, pois afirma-se algo que já está de posse deles: o Reino dos Céus. Podemos então identificar os pobres em espírito com os perseguidos por causa da justiça do Reino. Quem são os pobres em espírito? Alguém deu uma explicação que me parece interessante: O pobre em espírito é como o peixe no mar: possui toda a água à sua disposição, mas não a retém para si, deixando-a para todos! Quem pensa e age desse modo certamente entra em choque com os que não admitem partilhar com todos aquilo que Deus criou para todos. O pobre em espírito, pois, é um apaixonado pela justiça do Reino, mas acaba sendo perseguido por causa desta mesma justiça, pois há sempre quem não admite a partilha. Jesus é muito exigente, garantindo que "*se a justiça de vocês não superar a justiça dos doutores da Lei e dos fariseus, vocês não entrarão no Reino dos Céus*" (Mt 5,20). E vai além: exige dos seus seguidores dar prioridade absoluta à justiça do Reino: "*Busquem em primeiro lugar o Reino de Deus e a sua justiça, e todo o resto será acrescentado a vocês*" (Mt 6,33).

Na série "Antigamente era assim... hoje, porém, será diferente", Jesus apresenta as novas e profundas exigências da justiça do Reino, capaz de libertar o ser humano de toda ganância e posse para viver novas relações: não se mata somente com armas; mata-se também com palavras, ofensas etc. Existe um adultério já embutido no desejo. Casamento é coisa séria e é para sempre. A verdade é sempre transparente. Não se vence a violência com a violência, mas com uma força maior, capaz de desativar os mecanismos da violência, e essa força maior se chama amor. Não basta amar os amigos e odiar os inimigos; para ser filhos de Deus é preciso um salto de qualidade: transformar o inimigo em irmão, vencer o ódio com o amor.

Tudo isso pertence à justiça que faz o Reino acontecer.

5.4. Parte narrativa do 2º livrinho (Mt 8 e 9):
A justiça do Reino produz sinais concretos

Os capítulos 8 e 9 apresentam dez milagres de Jesus. Examinando-os de perto, percebe-se que a justiça do Reino produz sinais concretos para todos. O número 10 pode ter o sentido de totalidade (dez dedos das mãos, dez mandamentos etc.). De fato, todo tipo de pessoa é beneficiado pela prática de Jesus: homens e mulheres, judeus e pagãos, adultos e crianças... E os dez milagres dão a impressão de que todo tipo de doenças, enfermidades e até a própria morte são vencidas.

5.5. Parte discursiva do 2º livrinho (Mt 10):
os colaboradores para a justiça do Reino

O capítulo 10 mostra Jesus criando o grupo dos doze apóstolos e enviando-os a fazer as mesmas coisas que ele fez. De fato, os Doze recebem autoridade sobre os espíritos impuros (ou demônios), exatamente como fez Jesus, ao expulsar demônios e espíritos impuros nos capítulos 8 e 9. Recebem também autoridade para curar toda sorte de males e enfermidades do povo, exatamente como fez Jesus nos capítulos anteriores: curou o leproso, o servo do oficial, o paralítico etc. Assim ficamos sabendo que a justiça do Reino vai ganhando força mediante a ação dos seguidores de Jesus.

Mas há um detalhe: "*O discípulo não é maior que o mestre, nem o servo é mais importante que o seu patrão. É suficiente que o discípulo se torne como o mestre e o servo como o seu patrão*" (Mt 10,24-25). Ser colaborador da justiça do Reino não é nada romântico. Jesus já havia dito: "*Felizes os perseguidos por causa da justiça, porque deles é o Reino dos Céus*" (Mt 5,10). Isso quer dizer que a prática da justiça não acontece sem tensões e conflitos. Mas quem perseverar até o fim será salvo (Mt 10,22), e rejeitar ou acolher os promotores da justiça do Reino é rejeitar ou acolher o próprio Mestre Jesus.

5.6. Parte narrativa do 3º livrinho (Mt 11 e 12): A justiça do Reino entra em choque

O Mestre da justiça já havia alertado os Doze acerca das dificuldades que encontrariam na missão de ensinar e praticar um tipo de justiça que supera a justiça dos doutores da Lei e dos fariseus (Mt 5,20): "*Se chamaram de Beelzebu ao dono da casa, o que não vão dizer dos seus familiares!*" (Mt 10,25). O "dono da casa" é, sem dúvida, Jesus. Seus familiares são os seus colaboradores. Beelzebu era tido como o chefe dos demônios. Na verdade, essa palavra vem de uma antiga divindade cananeia chamada Baal Zebub, que significa "Baal, o Príncipe". Os judeus depreciaram esse nome, pois Beelzebu significa aproximadamente "O Príncipe das Moscas".

Jesus continua sua missão de incluir os excluídos, mas a sua atividade entra em choque com os que acham normal uns terem vida e outros não. O golpe é duro. Após ter curado um endemoninhado cego e mudo, espalha-se a seguinte calúnia: Ele tem poder sobre os demônios porque é parceiro de Beelzebu, o chefe dos demônios (Mt 12,24).

Jesus se defende e defende a justiça do Reino, mas até a própria família anda perplexa e deseja ter uma "conversinha" com ele (Mt 12,46). A crise, portanto, é grave e profunda, e Jesus não receia superar laços familiares, mostrando que, para ele, família são todos os que partilham com ele a mesma causa: *Aquele que faz a vontade de meu Pai celeste é para mim irmão, irmã e mãe* (Mt 12,50).

A esta altura podemos perguntar-nos: Como irá acabar tudo isto? Jesus será bem-sucedido na missão de fazer a justiça do Reino prevalecer? Não seria um gesto suicida, dada a rejeição que o seu projeto enfrenta? A resposta definitiva virá no capítulo seguinte.

5.7. Parte discursiva do 3º livrinho (Mt 13,1-52): Parábolas, a justiça do Reino vai vencer

O capítulo 13 é altamente otimista em relação às dúvidas dos dois capítulos anteriores. Mediante uma série de parábolas, Jesus vai semeando esperança, fortalecendo opções e iluminando o caminho.

Temos aqui sete parábolas: a parábola do semeador (Mt 13,3-9), a parábola do joio (Mt 13,24-30), a da semente de mostarda (Mt 13,31-32), a do fermento (Mt 13,33), as parábolas do tesouro e da pérola (Mt 13,44-46) e a parábola da rede de pescar (Mt 13,47-50). Algumas mostram o contraste entre o pouco (ou o pequeno) e o muito (ou o grande). É o caso da semente de mostarda. Na cultura daquele lugar, é a menor de todas as sementes; uma vez crescida, torna-se a maior de todas as hortaliças. De fato, na Palestina cultivava-se a mostarda preta, cuja planta podia atingir até quatro metros de altura. Na mesma direção vai a parábola do fermento: um punhado dele é capaz de fermentar mais de quarenta quilos de farinha.

Outras parábolas, como a do semeador, mostram que, apesar das perdas, vale a pena continuar semeando, pois cedo ou tarde a semente encontrará o bom terreno e dará frutos: uma cem, outra sessenta e outra trinta. Detalhe interessante: naqueles lugares, o máximo que se podia colher era dez por um, ou seja, cada quilo de semente produzia no máximo dez quilos. A parábola, portanto, é extremamente otimista. O que não pode faltar é a esperança e a vontade de semear. Em nossas comunidades costumamos cantar: "Põe a semente na terra, não será em vão...".

5.8. Parte narrativa do 4º livrinho (Mt 13,53-17,27): O seguimento do Mestre da justiça

Esses capítulos são os mais complexos do Evangelho de Mateus. Mas é possível resumi-los em torno do tema do seguimento. Já vimos como a proposta de Jesus sofre resistência e rejeição; agora veremos que não é fácil dizer sim, aliar-se a ele e ser-lhe fiel. Alguns episódios ajudam a esclarecer.

Na cidade em que cresceu, Nazaré, Jesus é rejeitado (Mt 13,53-58). *Escândalo* significa tropeço: os conterrâneos do Mestre da justiça se escandalizam e desistem. Permanecem na incredulidade.

Mateus narra duas vezes o episódio conhecido como "multiplicação dos pães" (Mt 14,13-21 e Mt 15,32-39). Logo em seguida, Jesus chama a atenção dos discípulos por não acreditarem no poder da partilha, pois diz: *"Vocês não entendem? Não se lembram dos cinco pães para 5.000 pessoas? Quantos cestos de sobras vocês recolheram? Não se recordam dos sete pães para 4.000 pessoas? Quantos cestos de sobras vocês recolheram?"* (Mt 16,9-10). A incompreensão dos discípulos é grave. Jesus venceu a primeira tentação justamente na questão dos pães. Os discípulos, porém, continuam presos à ideia de que a fome da humanidade não tem solução.

É nessa parte que encontramos dois dos três anúncios da paixão, morte e ressurreição de Jesus (Mt 16,21-

23; Mt 17,22-23). Também aqui manifesta-se a incompreensão e ignorância dos discípulos acerca de quem é Jesus, pois não aceitam o Messias que vai enfrentar a morte.

Anteriormente (Mt 10,1), Jesus dera aos discípulos autoridade para expulsar os espíritos impuros e curar qualquer espécie de males e enfermidades. Todavia, diante de um endemoninhado epiléptico, revela-se toda a sua impotência: *"Por que não conseguimos expulsar esses demônios?"* (Mt 17,14-20).

Para seguir o Mestre da justiça, faz-se necessário negar-se a si mesmo, tomar a cruz e caminhar (Mt 16,24). Como entender o "negar-se a si mesmo"? Para entender esse aspecto, é preciso aprofundar as tentações de Jesus. Negar-se a si mesmo não significa anular-se, mas anular o egoísmo que tudo quer para si, a fim de pensar nos outros em suas necessidades.

5.9. Parte discursiva do 4º livrinho (Mt 18): A justiça do Reino na comunidade

É fácil e cômodo gritar contra as injustiças quando elas acontecem fora de nossas comunidades ou famílias. Temos até disposição de consertar as injustiças dos outros. Todavia, quando acontecem dentro de casa ou dentro da comunidade à qual pertencemos, aí é que são elas!

O capítulo 18 trata disso, orientando para a prática da justiça na comunidade. Por exemplo: O que fazemos quando alguém erra? Qual a nossa primeira reação? A justiça do Reino diz que se deve fazer de tudo para recuperar a pessoa que errou. Sugere muita sensibilidade no trato dessas questões. A título de ilustração: Quando alguém erra, vá conversar pessoalmente com a pessoa que errou, sem espalhar a questão mediante fofocas e bisbilhotices; se a pessoa se corrigir, bem; se não, chame mais algumas pessoas para ir conversar com quem errou... Isso se chama sensibilidade e criatividade, a fim de não perder aquele que errou. Só em último caso é que a pessoa errada pode ser excluída da comunidade, considerada como pagã ou como os cobradores de impostos. Mas atenção: Não podemos esquecer que Jesus foi acusado de ser amigo dos pecadores e dos cobradores de impostos.

Um dos ingredientes indispensáveis para que haja justiça do Reino na comunidade ou na família se chama perdão. É disso que fala a parábola de Mt 18,23-35. Ela é uma espécie de comentário deste pedido do Pai-nosso: "Perdoai-nos as nossas ofensas, assim como nós perdoamos a quem nos tem ofendido".

A parábola joga com opostos: 10.000 talentos representam uma quantia impagável (um talento correspondia a mais de 30 quilos de prata ou de ouro), ao passo que cem moedas eram merreca (cerca de três salários mínimos). O grande devedor é perdoado, mas não consegue perdoar a pequena dívida do companheiro. Assim agindo, anula o perdão anteriormente obtido, pois somos nós que colocamos nas mãos de Deus o metro com o qual queremos ser medidos: Perdoa-me na medida com a qual consigo perdoar meu companheiro.

5.10. Parte narrativa do 5º livrinho (Mt 19 a 23): O Reino é para todos

Uma série de episódios e de parábolas demonstram que todos são convidados a fazer parte do mutirão que implanta a justiça do Reino em nosso mundo. Todavia, nem todos colaboram. Muitos, como o jovem rico (Mt 19,16-22), preferem dar as costas, pois a justiça do Reino supõe partilha. Eles, mais que possuir bens, são por eles possuídos, e quem faz dos bens um ídolo, dele torna-se escravo, fazendo-lhe as vontades, que nunca cessam de querer mais.

Mas o que é a justiça do Reino? A parábola de Mt 20,1-16 responde. Um patrão saiu de madrugada, pelas nove horas, por volta do meio-dia, pelas três da tarde e até pelas cinco da tarde à procura de trabalhadores para a colheita da uva. Com os primeiros combinou uma diária; com os das nove, "aquilo que for justo"; aos outros nada disse nem combinou. No fim do dia, ordenou ao gerente que pagasse uma diária para todos, não só para os primeiros contratados. Estes começaram a reclamar, e na reclamação deles está embutida a ideia que o patrão (isto é, Deus) tem de justiça: "*Esses últimos trabalharam somente uma hora, e tu os igualas a nós...*". A justiça do Reino não deixa ninguém sem o suficiente e necessário para sobreviver.

Outra parábola, a dos dois filhos (Mt 21,28-32), mostra que todos são convidados a colaborar, mas nem todos aceitam. Igualmente a parábola dos convidados à festa de casamento (Mt 22,1-14). Nota-se aí que há pessoas que se dizem cristãs sem de fato ser aquilo que afirmam ser, sem o compromisso com a justiça (a roupa para a festa de casamento).

Muitos outros detalhes podem ser detectados nesses capítulos usando a chave de leitura proposta.

5.11. Parte discursiva do 5º livrinho (Mt 24 e 25): O julgamento destrói a sociedade injusta

Os capítulos 24 e 25 são chamados de "discurso escatológico" por referirem-se ao final dos tempos. A linguagem é própria dos textos apocalípticos, e não deve ser tomada ao pé da letra. Temos aí muitos símbolos.

Os dois capítulos pretendem responder à pergunta dos discípulos, que dizem a Jesus: "Conta para nós quando acontecerá a destruição do Templo de Jerusalém e qual será o sinal da tua vinda e do fim do mundo". Duas questões, portanto: a destruição do Templo e o fim do mundo. Os discípulos provavelmente pensavam que as duas coisas aconteceriam juntas, ou seja, que a destruição do Templo seria também o começo do fim do mundo e da história.

Jesus ensina a separar as duas coisas. Quando o Evangelho de Mateus foi escrito, o Templo de Jerusalém já havia desaparecido fazia tempo. Portanto, os seguidores de Jesus sabiam que a destruição do Templo não era o fim do mundo, mas o fim de um tipo de mundo (ou de sociedade) marcado pela injustiça. De fato, Jesus foi condenado e morto pelo pessoal ligado ao Templo (sacerdotes, Sinédrio etc.).

Os discípulos de Jesus viram na destruição do Templo e da cidade que o abrigava (Jerusalém) o julgamento de Deus sobre a sociedade injusta que mata o Mestre da justiça.

A segunda questão refere-se ao fim do mundo, e o Evangelho de Mateus não alimenta curiosidades. Jesus simplesmente garante que ninguém conhece a hora em que o mundo acabará. Em vez de especular e fazer prognósticos, ele sugere a atitude positiva da vigilância.

O capítulo 25 desenvolve o tema da vigilância contando parábolas. A primeira (Mt 25,1-13) fala de dez moças convidadas para uma festa de casamento. Cinco delas levaram uma reserva de azeite para suas lamparinas, mas cinco não levaram. Quando o noivo chegou, cada grupo recebeu de acordo com a sua conduta: cinco entraram para a festa, mas cinco ficaram de fora. Nessa mesma direção vai a parábola dos empregados, aos quais o patrão confiou seus bens: a um deu cinco talentos, a outro deu dois, a um terceiro deu um (Mt 25,14-30). A parábola ensina que é preciso esperar arriscando. Os dois primeiros apostaram tudo e ganharam outro tanto; o último não apostou nada e perdeu tudo. Nós dizemos "Quem não arrisca...".

5.12. Conclusão (Mt 26 a 28). A morte e a ressurreição de Jesus marcam o fim da injustiça

A narração da morte e ressurreição de Jesus tem muitos pontos de contato com os outros Evangelhos, mas tem igualmente detalhes próprios como, por exemplo, os fenômenos cósmicos descritos após a morte de Jesus: terremoto, túmulos abertos, ressurreição de santos etc. (Mt 27,51-53). É, evidentemente, uma linguagem simbólica, muito apreciada pelas comunidades ligadas a Mateus. Trata-se, na verdade, de uma teofania, isto é, uma manifestação de Deus.

Também é própria de Mateus a tentativa de acobertar a ressurreição do Mestre da justiça (Mt 28,11-15).

Tentativa inútil, pois a ressurreição de Jesus demonstra que a injustiça não tem a última palavra, e que a justiça do Reino continua viva e forte, pois o seu criador está vivo para sempre.

Também é próprio o final do Evangelho de Mateus (Mt 28,16-20). Entre tantas coisas, Jesus confia aos discípulos a tarefa de continuar sua ação: *"Vão pelo mundo inteiro, façam com que todos os povos se tornem meus discípulos"*. O desafio, portanto, é fazer a justiça do Reino impregnar todo o mundo. Nessa tarefa não estamos sozinhos, pois o Mestre prometeu estar conosco todos os dias, até o fim do mundo.

II

O EVANGELHO DE MARCOS (ANO B)

1. PERGUNTAS IMPORTANTES SOBRE MARCOS

• *Quem foi Marcos?*

O autor do primeiro Evangelho a aparecer por escrito chama-se Marcos. Costumou-se identificá-lo com João Marcos, filho de uma senhora cristã de Jerusalém, chamada Maria, que reunia em sua casa um grupo de oração (veja Atos dos Apóstolos, capítulo 12). É o mesmo João Marcos que acompanhou Barnabé e Paulo na primeira viagem missionária, e que acabou desistindo no meio da viagem (veja Atos dos Apóstolos 13,13). Ele foi um dos motivos da separação de Paulo e Barnabé na segunda viagem, narrada em Atos dos Apóstolos 15,39. Mais tarde, Paulo reconhece a importância de Marcos no trabalho de evangelização (2Tm 4,11). Costuma-se identificar Marcos com o personagem citado na primeira carta de Pedro (Pd 5,13).

• *Qual a ligação entre Marcos e Pedro?*

Na primeira carta de Pedro (Pd 5,13), Marcos é chamado de "meu filho". A ligação entre os dois deve ter sido muito estreita. Por volta do ano 130, Pápias, bispo de Hierápolis, escreveu uma obra com este título: "Interpretação dos Oráculos do Senhor". De acordo com o historiador chamado Eusébio de Cesareia, nessa obra estava escrito o seguinte: "Marcos, que foi o intérprete de Pedro, cuidadosamente escreveu tudo aquilo de que se lembrava... De fato, Marcos não tinha acompanhado Jesus, mas Pedro". Essas palavras encontram-se na obra de Eusébio de Cesareia, chamada "História Eclesiástica".

• *São só essas as informações sobre Marcos?*

Sim. No Evangelho de Marcos (14,51-52) encontramos um episódio estranho, ignorado ou omitido pelos outros evangelistas. Quando Jesus foi preso no horto das Oliveiras, os soldados tentaram agarrar um jovem que seguia Jesus, vestido apenas com um lençol. O jovem, ao ser agarrado, largou o lençol e fugiu nu. Esse fato, nada elogioso, levou muitas pessoas a ver nesse jovem o próprio Marcos, futuro autor do Evangelho que traz o seu nome.

• *Em que língua foi escrito o Evangelho de Marcos?*

A língua de todos os livros do Novo Testamento é

o grego popular. Muitas vezes, encontramos semitismos, isto é, expressões que não calham bem no grego e revelam que a pessoa pensava em aramaico, mas escrevia em grego. É como se nós brasileiros devêssemos escrever em outra língua, sem dominá-la. Por exemplo, Jesus diz: "Se alguém quer me seguir, mas não odeia seus familiares, não pode ser meu discípulo". No aramaico, a língua falada por Jesus, não existia a expressão "amar menos", que era substituída por "odiar". Portanto, Jesus não exige que odiemos os familiares para poder segui-lo. O que ele pede é prioridade para ser discípulos dele.

• *Jesus falava grego?*

Provavelmente não. Ou talvez conhecesse algumas palavras. Este fato levanta uma questão: Como harmonizar os Evangelhos, escritos em grego, com a fala de Jesus em aramaico? O problema deixa de existir se acreditamos que não existe ruptura entre Jesus e seus seguidores. Além disso, nenhum evangelista tinha intenção de trair Jesus e sua mensagem.

• *Quando foi escrito o Evangelho de Marcos?*

O Evangelho de Marcos foi escrito por volta do ano 68, quase quarenta anos depois da ressurreição de Jesus. Nessa época, a terra de Jesus estava sendo duramente dominada pelo exército romano. Era o tempo da assim chamada "guerra judaica", que terminou com a destruição da capital, Jerusalém, no ano 70. Notamos aqui um detalhe importante: Antes de ser escrito, o Evangelho de Marcos (e também os demais) foi longamente meditado, pregado, vivenciado.

• *Antes de Marcos não havia nada escrito sobre Jesus?*

Todas as cartas de Paulo foram escritas antes do Evangelho de Marcos. Além disso, circulavam nas comunidades pequenos resumos das palavras mais importantes de Jesus. Ao escrever seu Evangelho, Marcos serviu-se desses resumos escritos.

• *Podemos dizer que Marcos não escreveu sozinho o Evangelho?*

Claro que sim. Cada um dos evangelistas escreveu a partir de uma comunidade e para as comunidades. Se de fato Marcos foi o intérprete de Pedro, podemos afirmar que ele foi o porta-voz das comunidades ligadas a Pedro. Os Evangelhos são retratos de Jesus e das comunidades que seguiram os passos dele.

• *Onde foi escrito o Evangelho de Marcos?*

Tradicionalmente, associou-se Marcos a Pedro e, pelo fato de Pedro ter vivido em Roma, esta cidade teria sido o lugar onde esse Evangelho foi escrito. Todavia, alguns estudiosos são da opinião que esse Evangelho teria nascido na Galileia, região da atividade de Jesus.

• *Isso faz alguma diferença?*

O lugar do seu surgimento pode reforçar alguns aspectos. Por exemplo: Quem conhece Roma sabe que brota água potável a cada passo. Isso não acontece na terra de Jesus. Dar um copo d'água a alguém se torna, então, um gesto simples e até banal, mas que não passa despercebido a Deus (veja Marcos 9,41). Suponhamos que tenha surgido na Galileia: será, então, necessário não perder de vista a dominação romana naquele lugar. Outro exemplo: Tente ler o episódio de Jesus e a mulher siro-fenícia (Mc 7,24-30), moradora da região vizinha da Galileia.

• *O que são Evangelhos sinóticos?*

São os Evangelhos de Marcos, Mateus e Lucas. São chamados assim porque têm muitos episódios semelhantes. Por exemplo: a parábola do semeador se encontra em Marcos 4,1-9; Mateus 13,1-9 e Lucas 8,4-8. Ela é praticamente igual nos três Evangelhos, de modo que podemos colocá-la em três colunas semelhantes.

• *Por que se aconselha começar por Marcos o estudo dos Evangelhos?*

Por ser o mais antigo de todos, e pelo fato de ter servido de base para Mateus e Lucas. É também o mais breve dos três Evangelhos sinóticos.

• *Por que o Evangelho de Marcos fala tão pouco de Maria e nada da infância de Jesus?*

Entre o surgimento de Marcos – por volta do ano 68 – e o surgimento de Mateus e Lucas, temos um intervalo de mais ou menos quinze anos. Isso leva a crer que para Marcos e suas comunidades não havia tanto interesse na infância de Jesus, ao contrário do interesse e das necessidades das comunidades ligadas a Mateus e a Lucas, quinze anos depois.

No Evangelho de Marcos, Maria é vista como alguém que está aprendendo na escola de Jesus. Ela aparece duas vezes no capítulo 3. (É somente citada em 6,3; veja o texto paralelo de Mateus 13,55.) A primeira vez (3,20-21) de forma indireta; na segunda ocorrência, de modo direto (3,31-34).

Na primeira vez, diz-se que "quando os seus tomaram conhecimento disso, saíram para detê-lo, pois diziam 'enlouqueceu'". Alguns, espantados com essa informação, procuram excluir a mãe de Jesus. Não é bom fazer isso. Marcos quer mostrar que também Maria está aprendendo *quem é Jesus*, e isso não tem nada de escandaloso ou assustador; pelo contrário, estimula a todos os que estão à procura. Se a própria mãe é aluna, discípula que aprende a conhecer Jesus, por que nós deveríamos desanimar?

Na segunda vez, Jesus está *dentro de casa* e sua mãe, irmãos e irmãs *estão fora*, à procura dele. Nota-se a diferença entre estar dentro e estar fora. Quem está dentro já aprendeu muita coisa a respeito dele e quer, como discípulo, aprender sempre mais, tornando-se membro da família dos que creem nele. Quem está fora não pode contentar-se com essa situação e deve insistir na busca dele, ou seja, perseverar e progredir no seu conhecimento.

Marcos não é desrespeitoso em relação a Maria, e nós nos sentimos estimulados a continuar buscando. Notemos um detalhe: quando esse Evangelho foi escrito, provavelmente Maria já não se achava entre nós, e todos estavam a par da caminhada que fez no seguimento do seu Filho. Ela já era considerada com a grandiosidade que nós a consideramos. Mostrando-a dessa forma no início, certamente, Marcos pretendia dizer a todos: Vejam que caminhada! Vejam os grandes passos dados por ela no seguimento do seu Filho!

• *É verdade que o final atual de Marcos não pertencia ao texto primitivo?*

Sim. Marcos 16,9-20 foi acrescentado bastante tempo depois, talvez para suavizar o final original provocador. De fato, ele terminava com um grande desafio: encontrar o Ressuscitado na Galileia. Mas as mulheres, encarregadas desse recado aos discípulos, não contaram nada a ninguém, por estarem cheias de medo (16,8). Os versículos 9-20 são uma espécie de colcha de retalhos feita de informações tiradas dos outros Evangelhos e dos Atos dos Apóstolos.

• *Quem governava a Palestina no tempo de Jesus?*

Após a morte de Herodes o Grande (ano 4 antes de Cristo), a Palestina foi dividida em três regiões: Galileia ao norte, Samaria no centro e Judeia ao sul. Seu filho Arquelau governou a Judeia e a Samaria até o ano 6 depois de Cristo; Herodes Antipas tornou-se rei da Galileia, e governou até o ano 39 depois de Cristo. É o Herodes que mandou matar João Batista e que esteve envolvido na condenação de Jesus à morte. Do ano 6 em diante, a Judeia e a Samaria passam a ser administradas por governadores romanos, como Pilatos, governou do ano 26 ao 36. É ele quem permite que Jesus seja crucificado.

• *Quem eram os fariseus?*

A palavra "fariseu" significa "separado". Era um grupo de judeus nascido cerca de dois séculos antes de Jesus e que se distinguia pela prática rigorosa e escrupulosa da Lei. Em toda a Palestina, não chegavam a nove mil pessoas. Por serem praticantes rigorosos da Lei, resumida em 613 mandamentos, consideravam-se melhores do que os outros e mais próximos de Deus. Acreditavam que quando todos fossem como eles, Deus enviaria o Messias como prêmio por sua retidão. Desprezavam os pobres e doentes, considerando-os como punidos por Deus por não praticarem a Lei. Faziam nítida distinção entre puro e impuro, com uma série de ritos de purificação exterior.

• *O que era a religião do puro e do impuro?*

Depois que os judeus voltaram do exílio na Babilônia (538 anos antes de Jesus nascer), Deus foi sendo afastado sempre mais da vida das pessoas. E para chegar a ele era necessário cumprir uma série de ritos de purificação, a fim de não irritá-lo. Muitos desses ritos fazem parte de um livro do Antigo Testamento chamado Levítico. Os fariseus levaram ao extremo a prática dessas leis e ritos, dando origem a um tipo de religião que se interessa sobretudo pela pureza exterior da pessoa. Por esse motivo são criticados por Jesus e chamados de falsos (veja o começo do capítulo 7 de Marcos e o capítulo 23 de Mateus). A religião do puro e do impuro se interessa sobretudo pelo aspecto externo, sem levar em conta o mais importante: o interior da pessoa. Do ponto de vista dos alimentos, por exemplo, Jesus declarou que todos eles são puros, pois a contaminação nasce de dentro do ser humano.

• *Quem eram os doutores ou mestres da Lei?*

Os doutores ou mestres da Lei – também chamados de escribas – surgiram bem antes que os fariseus. Eram as pessoas mais instruídas no conhecimento e na aplicação da Lei. Davam sustentação jurídica ao Sinédrio, pois conheciam muito bem toda a legislação do povo judeu. Por isso presidiam os pequenos tribunais espalhados pela Palestina, julgando o povo. Presidiam também as sinagogas, onde doutrinavam as pessoas. Juntamente com os fariseus, são os maiores adversários de Jesus nos Evangelhos. Ele os chama de falsos, acusando-os de devorar os bens dos mais pobres (por exemplo, as viúvas) com a desculpa da religião.

• *O que era o Sinédrio?*

Sinédrio era o Supremo Tribunal dos judeus no tempo de Jesus. Tinha sua sede junto ao Templo, em Jerusalém. Era composto por cerca de setenta pessoas e presidido pelo Sumo Sacerdote, cuja presidência no tempo de Jesus era fruto de negociação com os dominadores romanos. Participavam do Sinédrio os membros mais ricos e poderosos da sociedade judaica como, por exemplo, os Anciãos. O Sinédrio e Pilatos são os responsáveis diretos pela morte de Jesus. Nessa ocasião, o Sumo Sacerdote chamava-se Caifás. Seu antecessor foi Anás, seu sogro, que o manipulava. Por essas e outras informações, pode-se perceber como no Sinédrio havia jogo de interesses.

• *O que é a sinagoga?*

Sinagoga é uma palavra grega para designar o local em

que os judeus se reúnem para a oração. As sinagogas começaram a existir cinco séculos antes do nascimento de Jesus. Muitas delas funcionavam também como lugar de alfabetização, para que os meninos aprendessem a ler a Lei. No tempo de Jesus, havia sinagogas espalhadas por toda a Palestina. No Evangelho de Marcos, encontramos forte oposição entre sinagoga e casa. Isso se deve ao fato de as sinagogas serem controladas pelos doutores da Lei, adversários de Jesus. A partir do capítulo 6 de Marcos, Jesus não frequenta mais esse local de oração e de encontro das pessoas.

• *O que é Evangelho?*

O sentido primitivo dessa palavra é gorjeta. Era usada naquele tempo para recompensar o portador de boas notícias, uma espécie de "cafezinho" ou "caixinha" que damos ao carteiro em certas ocasiões. Marcos foi o primeiro a usar essa palavra como forma de expressar acontecimentos. Foi assim que "evangelho" veio a significar "boa notícia". Ele tinha uma grande boa notícia a comunicar, por isso escreveu o primeiro evangelho: a boa notícia era a pessoa de Jesus, suas palavras e atos. Evangelho é, portanto, um modo, um gênero literário com o qual se comunica uma boa notícia. Não se deve, pois, supervalorizar o modo como isso é feito; é preciso, antes, não perder de vista o conteúdo, a novidade, a boa notícia. Façamos um exemplo: talvez você nunca se tenha perguntado de onde vem a energia elétrica que existe em sua casa: se vem de uma hidroelétrica, ou de uma usina nuclear, ou é energia solar, eólica etc. Mas você se interessa se de repente vier a faltar força em sua casa. Algo semelhante acontece com o Evangelho: é preciso prender-se sobretudo à mensagem, deixando em segundo plano a roupagem, ou seja, o modo como a mensagem é transmitida.

• *Como vivia o povo judeu no tempo de Jesus?*

Do ponto de vista político, os judeus são dominados pelos romanos desde o ano 64 antes de Jesus nascer. Além de perder a liberdade, os judeus são dominados economicamente mediante a pesada cobrança de taxas e tributos, que sugavam a vida do povo. Por essas breves informações percebemos que a vida do povo judeu era extremamente difícil.

• *Quem eram os cobradores de impostos?*

Os cobradores de impostos – também chamados de publicanos – eram judeus que cobravam as taxas em nome dos dominadores romanos. O povo os odiava, pois colaboravam com a dominação estrangeira e a exploração econômica. Os dominadores não pagavam salário aos cobradores de impostos, que tinham de "se virar". E eles o faziam cobrando a mais, a fim de garantir sua sobrevivência. Eram acompanhados por soldados, que pela repressão "convenciam" as pessoas a pagar a quantia que os cobradores quisessem. Entre os seguidores de Jesus há um cobrador de impostos, Mateus, também chamado Levi. O Evangelho de Lucas menciona um chefe dos cobradores de impostos de nome Zaqueu, e diz que era muito rico.

• *Do que vivia o povo judeu no tempo de Jesus?*

Basicamente da agricultura, da pecuária, da pesca, do artesanato e do comércio. Na agricultura cultivavam trigo, cevada, legumes, frutas etc. Na pecuária, camelos, vacas, ovelhas e cabras. O peixe, abundante no lago de Genesaré e no rio Jordão, alimentava diariamente muitas pessoas. Notemos um detalhe importante: a Palestina é formada de montes e vales. Os vales são muito férteis, e no tempo de Jesus pertenciam aos ricos. Sobravam para os pobres os morros e as montanhas como lugares de cultivo de uma agricultura de subsistência.

2. OLHANDO O EVANGELHO DE MARCOS DE LONGE

O modo como o Evangelho de Marcos está organizado é importante para compreender esse livro. Suponhamos que tenhamos de subir ao topo de uma montanha e descer pelo lado oposto. Assim é o Evangelho de

Marcos em sua organização. Tem um ponto de partida, um topo e um ponto de chegada praticamente iguais e que nos dão uma importante chave de leitura.

O ponto de partida está em 1,1. O topo, ou seja, a metade do livro, encontra-se em 8,27-30. O ponto de chegada está em 15,39.

Repare as semelhanças entre a partida, o topo e a chegada: 1,1: "Começo da boa notícia de Jesus, **o Messias**, *o Filho de Deus*". 8,27-30 "... Tu és **o Messias**...". 15,39: "De fato, esse homem era *Filho de Deus*". O Evangelho de Marcos quer mostrar que Jesus é o Messias, o Filho de Deus.

O QUE SIGNIFICA A PALAVRA MESSIAS?

Messias é uma palavra hebraica. Seu correspondente em grego e em português é Cristo. Significa "ungido". No Antigo Testamento, ungidos eram sobretudo os reis. Faça um teste: leia Marcos 1,15 e veja qual a relação entre a palavra Messias e aquilo que Jesus anuncia. Faça outro teste: leia o Salmo 2,7, que tem como figura central a pessoa de um rei, e compare com o título de "Filho de Deus" dado a Jesus pelo Evangelho de Marcos.

No tempo de Jesus havia muita expectativa em torno da vinda do Messias, mas sempre visto como guerreiro poderoso e rico. Daí a incompreensão e rejeição de Jesus por parte de muitos.

A subida e a descida da montanha têm características próprias e diversas paradas. Na subida: primeira parada após Mc 1,13; segunda parada após Mc 3,6; terceira parada após Mc 6,6; quarta parada, no topo Mc 8,27-30. Na descida: primeira parada no final do capítulo 10; segunda parada no final do capítulo 13; terceira parada após Mc 16,8.

Mas justamente aqui é que Marcos nos surpreende: chegando ao final do seu Evangelho, ele nos provoca da seguinte maneira: vocês querem se encontrar com Jesus ressuscitado e vencedor da morte? Voltem para a Galileia. Lá vocês vão encontrá-lo. Por que voltar para a Galileia? Porque foi lá que Jesus viveu e fez quase todos os milagres narrados por Marcos (compare Mc 16,7 com Mc 1,14).

A subida da montanha tem como uma de suas principais características a ação de Jesus traduzida em milagres. A descida, ao contrário, quase não narra milagres. É que Jesus está preocupado em ensinar seus discípulos (veja Mc 9,30-31).

3. Os fios coloridos do Evangelho de Marcos

O Evangelho de Marcos é como um tecido colorido. Os fios vão se entrelaçando até formar um quadro harmonioso. A falta de um deles prejudica todo o tecido. Examiná-los um a um só tem sentido quando o fazemos em vista do todo. Vamos ver alguns desses fios coloridos que percorrem todo o texto. Juntos formam o Evangelho de Marcos que, segundo muitos estudiosos, serviu de catecismo de iniciação cristã para os primeiros seguidores de Jesus. Os adultos que se preparavam ao batismo iam pouco a pouco entrando em contato com aquele que daria novo sentido e novo rumo para suas vidas.

a) Quem é Jesus? Esta é a pergunta fundamental que percorre todo o Evangelho. Passo a passo, Marcos vai mostrando, sobretudo mediante milagres, quem é Jesus. Não devemos ter pressa em responder plenamente a essa pergunta, pois só será completa ao final do Evangelho, depois que Jesus passou pela cruz, morte e ressurreição. Um episódio isolado não diz tudo aquilo que ele é e representa. É como montar um mosaico, pedra por pedra. Cada episódio é uma pedra que vai completando o quadro, ou seja, respondendo à pergunta. Exemplo: Mc 1,1: "Começo da boa notícia de Jesus, o Messias, o Filho de Deus". Nesta breve introdução, Marcos já nos fez ver muitas coisas: Jesus é uma boa notícia, é o Messias, é o Filho de Deus. Você pode ir lendo o Evangelho e anotando todas as informações acerca de quem é Jesus, sobretudo a partir dos milagres realizados por ele.

POR QUE JESUS PEDE SILÊNCIO ACERCA DE SUA PESSOA?

Em várias passagens do Evangelho de Marcos, Jesus pede às pessoas que não falem nada a respeito de sua identidade. Às vezes, manda até os espíritos maus calarem a boca. Por quê? A resposta é ampla. Em primeiro lugar, porque o retrato de Jesus só estará completo após a morte e ressurreição. Em segundo lugar, não é bom que ele seja identificado pelos espíritos maus; esta é tarefa dos discípulos, que relutam em descobrir a verdadeira face do Mestre. Em terceiro lugar, Jesus não quer ser confundido com a imagem tradicional do messias poderoso e guerreiro. E às vezes até se esconde (veja, por exemplo, Mc 7,24).

b) Quem é o seguidor de Jesus? Ao lado da primeira pergunta, surge esta, igualmente importante. O adulto, que se preparava para receber o batismo e assim tornar-se cristão, ia passo a passo descobrindo sua identidade de discípulo de Jesus. Mas também aqui não é preciso ter pressa. Também o retrato do seguidor de Jesus só será completo depois de ter passado pelas mesmas coisas enfrentadas pelo Mestre. Mais ainda:

quando chegamos ao final do Evangelho, somos convidados a voltar à Galileia e fazer as mesmas coisas que Jesus fez em favor da vida. Aí, então, o retrato do seguidor de Jesus estará completo.

c) *O tema da cegueira.* Desde o começo, o espírito impuro (ou espírito mau, ou demônio etc.) sabe *quem é Jesus* (Mc 1,24). Os discípulos, porém, sofrem de ignorância crônica acerca dessa pergunta. Lutam e relutam para descobrir a identidade do Mestre, pois querem um messias feito à imagem e semelhança deles e dos próprios interesses, em vez de se conformarem às exigências de Jesus. Em outras palavras, os discípulos são cegos, não no sentido físico, mas no sentido da incapacidade de quebrar preconceitos e de superar barreiras. Daí a importância da segunda parte ou descida da montanha; nela Jesus ensina os discípulos de modo personalizado.

d) *"Começar de novo..."*. O Evangelho de Marcos é apenas o começo de uma longa caminhada. Ele se inicia justamente com esta palavra: começo (Mc 1,1). Além de recordar o início da Bíblia (veja Gênesis 1,1), o Evangelho de Marcos nos lembra que a vida é constante começar. É como quando acordamos de manhã: faça chuva ou faça sol, é hora de recomeçar. É como quando acabamos de almoçar: é hora de recomeçar a lavar a louça e pensar no jantar. E assim por diante, em qualquer situação: estamos sempre recomeçando. O Evangelho de Marcos apresenta vários começos, por exemplo, Mc 1,21; Mc 4,1 etc. É preciso estar atentos a essas retomadas, porque geralmente trazem preciosas indicações. O mais interessante é isto: quando chegamos ao final do Evangelho (Mc 16,7), somos provocados a voltar à Galileia e começar tudo de novo.

e) O tema do deserto. O deserto teve um papel importante na vida do povo da Bíblia. O mesmo acontece no Evangelho de Marcos. No Antigo Testamento, deserto significava tempo de preparação para uma grande novidade. Em outras palavras: foi no deserto que os hebreus se prepararam para conquistar a Terra prometida. O deserto, portanto, representava a gestação de uma boa notícia. Isso acontece também no Evangelho de Marcos: João Batista se apresenta no deserto, pregando um batismo que levava as pessoas a se prepararem para acolher a grande novidade, o Messias (Mc 1,4-5). O próprio Jesus, para fugir da popularidade fácil, retira-se para um lugar deserto (Mc 1,36). E foi em lugar deserto que Jesus ensinou a partilhar os bens que sustentam a vida, de modo que ninguém passasse necessidade (Mc 6,31-32. Compare o episódio dos pães – Mc 6,30-44 – com o capítulo 16 do livro do Êxodo).

f) *O tema da casa.* No Evangelho de Marcos existe uma tensão entre sinagoga e casa. O começo de Jesus na sinagoga (Mc 1,21-28) é brilhante e espetacular sua aceitação. Mas, logo em seguida, o Mestre é rejeitado na sinagoga, e nunca mais a frequentará (veja Mc 6,1-6). O abandono da sinagoga se deve à crítica amarga e destruidora dos doutores da Lei, que "fizeram a cabeça" das pessoas contra Jesus (veja Mc 3,20-22). Ao contrário da sinagoga, a casa é o lugar onde Jesus é bem acolhido e se encontra à vontade, desde a primeira vez em que aparece o tema "casa" (Mc 1,29). Mais ainda: aonde quer que Jesus vá, também no exterior, tem sempre uma casa à disposição (veja Mc 7,24; veja o que ele promete a seus seguidores em Mc 10,29).

O QUE JESUS FEZ ANTES DE COMEÇAR A PREGAÇÃO DO REINO?

O Evangelho de Marcos é o único a dizer que Jesus era conhecido como "o carpinteiro" (Mc 6,3). Em grego, a palavra "carpinteiro" se diz *tékton*. Este termo não significa apenas carpinteiro, mas também serralheiro e pedreiro. Jesus, portanto, foi alguém que trabalhou com madeira, ferro e pedras ou tijolos. Justino, um mártir cristão, nasceu na terra de Jesus por volta do ano 90. Ele escreveu um livro chamado "Diálogo com Trifão". Nesse livro, afirma que Jesus fabricava cangas para bois e arados. Nazaré, aldeia onde Jesus cresceu e trabalhou como *tékton*, certamente não tinha trabalho suficiente para ele. Provavelmente, ele deve ter percorrido a pé a Galileia em busca de "bicos" para seu sustento. Se esse fato for verdadeiro, entende-se melhor como, anos mais tarde, pregando o Reino pela Galileia e fora dela, encontre "casa" aonde quer que vá.

g) Demônios e doenças. No Evangelho de Marcos, Jesus declara guerra sem tréguas aos dois piores inimigos do ser humano: os demônios (também chamados de espíritos maus, espíritos impuros etc.) e as doenças. Esses dois inimigos do ser humano são os que mais desfiguram as pessoas, criadas à imagem e semelhança de Deus (veja Gênesis 1,26). As doenças paralisam o ser humano, muitas vezes levando-o à morte; os demônios impedem as pessoas de serem elas mesmas, de terem a própria opinião e de contribuírem para o bem de todos. O primeiro milagre de Jesus (Mc

1,21-28) é justamente a expulsão de um espírito mau. Dado interessante: o espírito mau declara que com Jesus chegou a ruína deles todos (Mc 1,24: "Vieste para nos destruir?"). E o segundo milagre de Jesus é a cura de uma doente, a sogra de Simão (Mc 1,29-31).

DEMONIZAÇÃO

Alguns grupos cristãos veem demônios por todos os cantos. Quem não pensa como eles é porque têm um demônio. A isso damos o nome de demonização. Essas pessoas, lendo ao pé da letra os milagres de Jesus contra os demônios, desaconselham até a medicação e os serviços sanitários. O que pensar disso? No tempo de Jesus, tudo aquilo que a frágil ciência não conseguia explicar era atribuído à ação do demônio. Por exemplo: a febre, a epilepsia e outras doenças eram fruto de possessão demoníaca. Hoje, as coisas são diferentes. A febre é um sintoma de algo mais profundo, e deve ser tratada com cuidados médicos. O mesmo se diga de todas as doenças. Contudo, permanece na sociedade a presença e a ação do mal. Mas como no tempo de Jesus, também hoje o mal não está solto nos ares, e sim enraizado em opções políticas, sociais e econômicas que impedem ao povo o acesso à vida plena. Diante disso, podemos perguntar: como eliminar "o demônio" da miséria, das doenças, das catástrofes ambientais etc.?

Os fios coloridos que compõem o tecido do Evangelho de Marcos são muitos. Você pode descobrir e aprofundar outros, por exemplo: o mar, o sábado, as mulheres etc.

4. OLHANDO DE PERTO A SUBIDA DA MONTANHA (MC 1,1-8,30)

Os treze primeiros versículos de Marcos servem de introdução e de apresentação do Messias. Sublinhamos alguns aspectos:

a) *A figura de João Batista* (1,2-8). Ele é apresentado como mensageiro e preparador do povo para a acolhida do Messias. Chama a atenção a sua dieta e o seu traje. O modo como vive e se veste contrasta com o luxo e o requinte do palácio de Herodes Antipas, rei da Galileia, responsável pela morte desse profeta (compare com 6,14-29). O modo de se vestir identifica João Batista com um dos mais importantes profetas do passado: o profeta Elias que, em seu tempo, reconduziu o povo de volta ao culto do Deus de Israel (compare com 2 Reis 1,8). Pregando um batismo de conversão no *deserto*, João Batista se assemelha a Moisés, no deserto, preparando e organizando o povo para receber a boa notícia, a chegada de Jesus Messias.

b) *O batismo de Jesus* (1,9-11). O batismo de Jesus é sua investidura como Messias e Filho de Deus (compare com 1,1). Note um detalhe: o Espírito desce sobre ele *depois* que saiu da água. O céu se rasgando é o cumprimento de um antigo desejo expresso pelo profeta Isaías. Ele pedia a Deus: "Oxalá rasgasses o céu para descer". Esse desejo está realizado na pessoa de Jesus. A voz vinda do céu é a própria voz de Deus Pai. Ele declara que Jesus é o Messias Rei ao afirmar "Tu és o meu Filho querido" (compare com Salmo 2,7). O resto da fala de Deus ("em ti encontro o meu agrado") é uma citação do início do capítulo 42 do profeta Isaías. Com ela, Jesus é identificado como o Messias que veio para servir (compare com Isaías 42,1-2).

***

Marcos 1,14-3,6 se caracteriza pela cegueira das lideranças judaicas. Também aqui sublinhamos apenas alguns aspectos.

a) *As primeiras palavras de Jesus* (Mc 1,15). Em cada Evangelho, o registro das primeiras palavras de Jesus é muito importante. Em Marcos (1,15), ele afirma três coisas. Em primeiro lugar, garante que o tempo da espera do Messias acabou. A longa expectativa do povo viu finalmente sua realização: o Messias chegou! Em segundo lugar, Jesus anuncia que o reinado de Deus está para começar. Ele não diz, como em outros Evangelhos, que o reinado de Deus já chegou. O motivo é simples: Deus vai instaurando seu reinado no mundo à medida que Jesus vai devolvendo vida a quem não tem vida (milagres). Esse processo ainda não terminou: ele continua nas palavras e ações dos que se tornam seguidores de Jesus. Em terceiro lugar, Jesus pede mudança de mentalidade e adesão total a ele. Só assim sua palavra e ação se tornam boa notícia.

b) *Um dia com Jesus* (Mc 1,21-34). É sábado, dia de ir à *sinagoga* para ouvir a Palavra de Deus e rezar. Marcos nos mostra o que Jesus faz no dia sagrado, dia especial para a prática da religião. O dia de Jesus tem três momentos e lugares: na *sinagoga*, na *casa* de Simão e no *pátio* da casa ao entardecer. Em cada um desses lugares realiza milagres: na sinagoga, expulsa de um homem um espírito mau, que reconhece a chegada da ruína de todos os que ele representa; na casa de Simão, cura uma mulher, que logo se põe a servi-los; no pátio da casa, onde está presente toda a população da cidade, cura doentes e expulsa demônios. Notemos um detalhe: as curas e exorcismos eram proibidos em dia de sábado, pois caracterizavam trabalho. Jesus põe o ser humano – homem e mulher indistintamente – como centro da religião e do dia sagrado. A reação dos *doutores da Lei* logo se fará notar. Mas o povo já percebeu estar diante de algo novo (Mc 1,22).

c) *Quatro perigosos "por quê?" contra Jesus* (Mc 2,1-28). Em quatro episódios revela-se a cegueira das lideranças judaicas. Os dois primeiros acontecem numa casa. No primeiro, Jesus cura um paralítico, perdoando-lhe os pecados. A reação dos *doutores da Lei* é imediata. Surge assim o primeiro e perigoso *por quê*? Pois somente Deus é que pode perdoar pecados. Ao mesmo tempo que recebemos preciosa informação de Marcos acerca de quem é Jesus, percebemos igualmente que ele corre sério perigo, sendo acusado de blasfêmia. E, de acordo com Levítico 24,16, o blasfemador é réu de morte. O segundo *por quê*? acontece na casa de Levi, mais conhecido como Mateus, durante uma refeição. A crítica parte dos *fariseus*, rigorosos defensores da *religião do puro e do impuro*. Para eles, Jesus está acabando com a religião. O terceiro *por quê*? envolve a questão do jejum, prática de piedade religiosa muita apreciada pelos *fariseus*. Rigorosamente falando, nesse Evangelho, Jesus aboliu a prática do jejum, pois seria praticado somente naquelas poucas horas em que ele, o noivo, foi retirado da festa de casamento. O quarto *por quê?* vem dos *fariseus* e acontece em dia de sábado. Jesus defende os discípulos, que para matar a fome, violam o descanso nesse dia. A situação é dramática, pois o descanso no sábado significava o compromisso do povo com os dez mandamentos. Transgredir esse preceito acarretava pena de morte (veja Êxodo 31,14). O desfecho desses quatro perigosos *por quê?* se torna claro em Mc 3,6: saindo da sinagoga, fariseus e partidários de Herodes tramam a morte de Jesus.

***

Marcos 3,7 a 6,6 ressalta a cegueira do povo, quer seja judeu ou não. Também aqui destacamos alguns aspectos:

a) *O que é ser discípulo de Jesus?* (Mc 3,7-19). A formação do grupo dos Doze se dá num contexto amplo, onde há gente do sul, do norte e do leste, ou seja, uma multidão vinda de todos os lados e cheia de sofrimentos (Mc 3,7-13). Nesse contexto, Jesus escolhe colaboradores e cria o grupo dos Doze com estas finalidades: ficar com ele, ou seja, desfrutar de sua intimidade, serem enviados a pregar e terem autoridade sobre os demô-nios. Nota-se logo que os Doze têm a mesma missão de Jesus, isto é, a missão de devolver as pessoas a si próprias, integrando-as na vida normal. Marcos cita o nome dos Doze. Há nomes gregos e nomes hebrai-cos; há diversidade de profissão, de cultura e de opção política, pois pelo menos um deles é defensor da luta armada.

b) *A cegueira dos familiares de Jesus* (Mc 3,31-35). Até os parentes de Jesus pensam que ele ficou louco (Mc 3,21). Sua mãe e seus irmãos *estão fora da casa* em que Jesus anuncia o reinado de Deus presente em suas pa-lavras e atos. No Evangelho de Marcos, como foi mos-trado, também a mãe de Jesus passa por um processo de discipulado crescente. De fato, trata-se de "entrar na casa", ou seja, dar plena adesão a Jesus, o Messias.

E OS IRMÃOS DE JESUS?

Em Marcos 3,31, diz-se que a mãe e os irmãos de Jesus "estão fora" da casa e o procuram. Muito se especulou acerca dos irmãos de Jesus. O que Marcos tem a dizer? Em Mc 6,3, na sinagoga de Nazaré, o povo diz:

"Por acaso esse homem não é o carpinteiro, o filho de Maria e irmão de Tiago, de Joset, de Judas e de Simão? Por acaso não moram aqui conosco as irmãs dele?" Note-se o detalhe: Jesus é definido como "o" filho de Maria (algumas Bíblias evitam esse artigo definido). Não seria uma comprovação de que ele é o único filho de Maria? Tiago e Joset são identificados como "irmãos" dele. Ora, em Mc 15,40, fala-se de uma Maria que é mãe de Tiago e de Joset, e que não é certamente a mãe de Jesus.

c) *A cegueira dos não-judeus* (Mc 5,1-20). A região dos gerasenos é território dos pagãos. Lá Jesus encontra um homem em estado lastimável: não tem roupa para se vestir (perda dos bens), vive afastado da família (exclusão social), mora em cemitério (para os judeus é lugar de impureza e de exclusão religiosa), se machuca com pedras (é doente mental) e o demônio não lhe permite expressar a própria vontade (perda de liberdade). Está possuído por Legião (dominação política, pois uma legião romana – mais de 6.600 soldados – dominava a região). Na crença do povo, os espíritos maus (ou impuros), bem como os demônios, precisam de um corpo onde entrar e poder agir. E Jesus não vacila em mandar Legião aos porcos para salvar e libertar uma única pessoa. Os gerasenos, porém, lamentam o prejuízo, pois os cerca de dois mil porcos se afogam no lago. Para eles, o homem está em função da economia e não vice-versa. E Jesus é mandado embora do território pagão.

***

Marcos 6,7 a 8,26 pode ser lido com esta chave: A cegueira dos discípulos. Damos, em seguida, algumas pistas:

a) No Evangelho de Marcos temos duas vezes episódio da partilha dos pães e dos peixes (impropriamente chamada de "multiplicação"): Mc 6,30-44, em território judaico, e Mc 8,1-9, entre os não judeus. Nos dois casos revela-se a cegueira dos discípulos. No primeiro, pedem a Jesus que despeça o povo com fome, a fim de que vá comprar comida. E note-se: o lugar é *deserto*. No segundo, novamente em lugar *deserto*, manifestam a certeza de que a fome do povo não tem solução: Há muito pouco para saciar multidões.

b) Logo adiante, os próprios discípulos não têm pão suficiente (veja Mc 8,14-21). As palavras de Jesus são muito duras. Em primeiro lugar, ele os alerta para que não aceitem o modo de ver dos *fariseus* e de *Herodes*. A seguir, lamenta que eles tenham a consciência (coração para os judeus) endurecida, como a do Faraó no tempo de Moisés. Critica-os por não terem visão profunda dos fatos, e por não prestarem atenção à proposta de Jesus. Em síntese, os discípulos não compreendem.

c) Encerrando a subida da montanha e sublinhando novamente o tema da cegueira, Marcos narra a cura de um *cego* (Mc 8,22-26). A cura acontece por etapas: o cego não vê nitidamente, a ponto de confundir pessoas e árvores (é uma espécie de resumo da cegueira na primeira parte do Evangelho). Em seguida, mediante nova ação de Jesus, enxerga perfeitamente (é o objetivo da segunda parte de Marcos).

5. OLHANDO DE PERTO A DESCIDA DA MONTANHA (MC 8,31-16,8)

A descida da montanha se caracteriza pela quase ausência de milagres, pelo ensinamento personalizado de Jesus aos discípulos (Mc 10,30-31), pelo confronto com as lideranças judaicas em Jerusalém (Mc 11 e 12), pelo ensinamento acerca do fim do Templo de Jerusalém e pelo fim da história (Mc 13) e pela narração da paixão, morte e ressurreição de Jesus. Também aqui, apenas algumas indicações.

a) *Os três anúncios da paixão, morte e ressurreição de Jesus* (Mc 8,31-10,52). Marcos apresenta três anúncios da morte e ressurreição de Jesus. Com isso, o Mestre quer ensinar aos discípulos o modo novo de ver e de seguir o Messias. Mas a cegueira dos discípulos continua, pois, após cada anúncio, encontramos uma reação totalmente oposta, fato que provoca uma catequese por parte de Jesus. Vamos ver isso de perto. O primeiro anúncio está em Mc 8,31-32, e vem imediatamente após a declaração de Pedro a respeito de Jesus: "Tu és o Messias". Mas quando Jesus mostra que o caminho do Messias passa pela rejeição das autoridades políticas e religiosas, pela morte para chegar à ressurreição, Pedro reage duramente contra o tipo de Messias que é Jesus. E Jesus repreende a Pedro, chamando-o de Satanás. O segundo anúncio da morte e ressurreição de Jesus se encontra em Mc 9,31. A reação dos discípulos não podia ser mais estranha: discutem entre eles acerca de quem é mais importante (Mc 9,32-34). O terceiro anúncio está em Mc 10,33-34. E também aqui, a reação dos discípulos contrasta com o caminho de Jesus: Tiago e João pedem os dois mais importantes lugares no Reino de Deus, e os outros dez ficam furiosos porque os dois tiveram o cinismo de fazer tal pedido.

b) *O verdadeiro discípulo* (Mc 10,46-52). O último milagre de Jesus antes de entrar em Jerusalém é a cura do cego de Jericó. O episódio está muito bem localizado, pois, após tantas cegueiras, um cego, sem ser convidado, sem nunca ter estado com Jesus, é curado e livremente se põe a segui-lo na etapa mais difícil da caminhada, que acontecerá em Jerusalém. Aquilo que faltava aos discípulos – fé, determinação, seguimento – sobra na vida desse cego. Ele não se intimida com os que o querem calado, clama a Jesus Messias (filho de Davi), liberta-se num salto do seu passado de mendigo, expressa sua fé em Jesus e o segue espontaneamente no caminho.

***

A partir de Mc 11 Jesus está em Jerusalém, centro do poder econômico, político e religioso dos judeus. Aí está o Templo, que funciona também como Banco Central. Aí mora *Pilatos*, governador romano da Judeia e Samaria, autoridade máxima na região. Aí está a sede do *Sinédrio*, o Supremo Tribunal dos judeus. Jesus acusa o pessoal do Templo de ter transformado a casa de oração numa toca de ladrões. E acusa aqueles que o acusarão e o condenarão à morte: os chefes dos sacerdotes, os doutores da narão à morte: os chefes dos sacerdotes, os doutores da Lei, os Anciãos, os partidários de Herodes... ou seja, as lideranças. E anuncia que o Templo será destruído, mas isso não será o fim do mundo.

***

Os capítulos 14,1 a 16,8 do Evangelho de Marcos narram a paixão, morte e ressurreição de Jesus. Você pode ler e rezar essas cenas a partir das etapas assinaladas pelo próprio Jesus em Mc 10,33-34: **1.** ele vai ser entregue aos chefes dos sacerdotes e aos doutores da Lei; **2.** eles vão condená-lo à morte; **3.** eles vão entregá-lo aos pagãos (Pilatos); **4.** vão caçoar dele; **5.** vão cuspir nele; **6.** vão torturá-lo; **7.** vão matá-lo. **8.** Mas ele ressuscitará.

III

O EVANGELHO DE LUCAS (ANO C)

1. PISTAS PARA ENTENDER O EVANGELHO DE LUCAS

1.1. Quem foi Lucas?

Lucas não é de origem judaica como os outros evangelistas. Ele é grego, e grega é sua cultura. Além disso, com certeza, ele não esteve entre os seguidores diretos de Jesus. É, sim, um cristão da segunda geração, e o fato de não ser judeu não é de pouca importância, pois revela como a mensagem de Jesus rapidamente penetrou outras culturas e realidades.

Como os demais evangelistas, Lucas escreve em grego. Mas o seu estilo é muito mais rico e sofisticado que o dos demais evangelhos, pois o grego é a língua materna de Lucas, e ele é escritor refinado. Desde já percebe-se que pôs seus dotes literários a serviço da evangelização.

Lucas deve ter sido companheiro de Paulo em sua missão evangelizadora em meio aos não judeus. No livro dos Atos dos Apóstolos – que é a segunda parte da sua obra literária – encontramos um detalhe interessante: a partir de At 16,10 ele passa a narrar os acontecimentos na primeira pessoa do plural (nós). Há muito tempo, os estudiosos viram nesse detalhe uma confirmação de que, a partir desse momento, Lucas teria pertencido ao grupo evangelizador itinerante de Paulo.

Essa informação também é importante, pois em seu Evangelho, o Jesus de Lucas diz muitas coisas que mais tarde serão postas em prática por Paulo. Tudo leva a crer que, para Lucas, Paulo foi a pessoa que melhor entendeu, viveu e anunciou a mensagem de Jesus, apesar de não ter participado do grupo dos Doze Apóstolos.

Alguns textos do Novo Testamento associam Lucas e Paulo como companheiros missionários. É o caso da carta a Filêmon (versículo 24) e a segunda carta a Timóteo (Tm 4,11). Segundo uma antiga tradição, nascida de uma carta atribuída a Paulo (Colossenses 4,14), ele exercia a profissão de médico. Este detalhe se reveste de grande importância quando lemos o Evangelho de Lucas. De fato, Jesus tem aí a sensibilidade e o carinho de um excelente médico, que cura toda espécie de feridas humanas. Pode-se ler todo esse Evangelho com essa chave importante, associando-a a outro tema grandioso, o da misericórdia ou compaixão. Na citada carta aos Colossenses, Lucas é qualificado como médico "querido", e não simplesmente como "médico". Todos nós temos experiência de quando e como um médico não é simplesmente médico, mas "médico querido".

Lucas é o maior escritor do Novo Testamento em termos de volume de texto. De fato, sua obra (Evangelho e Atos dos Apóstolos) é mais volumosa que todas as cartas do apóstolo Paulo.

1.2. A obra de Lucas

Como vimos, a obra de Lucas compreende o Evangelho e os Atos dos Apóstolos. Pode-se ler, meditar e estudar os dois livros separadamente. Mas é muito mais útil e frutuoso se o fizermos considerando-os juntos, como peças de uma única obra. De fato, no Evangelho, temos a prática de Jesus, composta de palavras e ações, e nos Atos dos Apóstolos, encontramos a prática dos discípulos de Jesus, que, em tempos e lugares novos, concretizam a prática de Jesus.

Quais eram os destinatários da obra de Lucas? No começo do seu Evangelho, ele fala de certo Teófilo (veja

Lc 1,1-4), nome que reaparece no início da segunda parte da obra (veja Atos dos Apóstolos 1,1). Quem era esse Teófilo? O nome significa "Amigo de Deus". Alguns estudiosos pensam que se tratava de um cristão que encomendou a Lucas o trabalho que temos hoje diante dos olhos. Outros pensam que Teófilo seja um nome simbólico, indicando qualquer cristão interessado em aprofundar a própria fé e os conhecimentos acerca de Jesus. Neste sentido, a obra de Lucas é destinada a qualquer pessoa que queira conhecer mais a fundo a vida e os ensinamentos do Mestre Jesus.

Sendo companheiro de missão do apóstolo Paulo, é natural pensar que a obra de Lucas estivesse voltada para as comunidades ligadas a Paulo. É, portanto, um cristão não judeu que apresenta Jesus a outros cristãos não judeus. Também esse detalhe é interessante, pois o Jesus apresentado por Lucas tem uma sensibilidade ecumênica mais acentuada do que o Jesus apresentado por Marcos e Mateus.

O lugar onde surgiu a obra de Lucas, bem como a data, são incertos. Calcula-se que tenha aparecido depois de Mateus que, por sua vez, é posterior a Marcos. A preocupação com o lugar e a data não é importante. É mais vantajoso observar o que Lucas diz no início do seu Evangelho: o conteúdo da sua obra é fruto de cuidadosa pesquisa. Ele foi à procura de fontes escritas, mas escutou também testemunhas oculares, ou seja, pessoas que estiveram com Jesus, bem como os responsáveis pela catequese primitiva sobre Jesus (veja Lc 1,1-4).

1.3. A pesquisa de Lucas

Como se deu a pesquisa de Lucas? É bom lembrar que os evangelhos de Marcos e Mateus já circulavam pelas comunidades quando Lucas começou a pesquisa. De fato, dos quase 1.200 versículos que compõem o Evangelho de Lucas, 330 se encontram também em Mateus e Marcos. É por isso que estes três evangelhos são chamados de sinóticos. Além disso, 100 versículos de Lucas se encontram também em Marcos, mas não em Mateus. Isso significa que o Evangelho de Marcos serviu de fonte para a pesquisa de Lucas.

Mateus e Lucas têm em comum 230 versículos que não se encontram em Marcos. Isso demonstra que eles tiveram acesso a uma fonte desconhecida por Marcos.

Finalmente, sabe-se que Lucas possui 500 versículos que não se encontram nem em Marcos nem em Mateus, sinal de que ele teve acesso a outras fontes ignoradas ou desconhecidas pelos outros dois. Portanto, cerca de 43% do Evangelho de Lucas não se encontra nos demais. Salta logo à vista que os três primeiros evangelhos não são cópia um do outro. Cada qual tem sua personalidade e identidade.

2. ABRINDO O EVANGELHO DE LUCAS

2.1. Como está organizado

Além de fazer cuidadosa pesquisa, Lucas afirma que sua apresentação é bem organizada (Lc 1,3). Vamos, então, ver como organizou sua apresentação das palavras e ações de Jesus. Podemos distinguir, além de uma introdução, duas partes de tamanho desigual.

ESQUEMA GERAL DO EVANGELHO DE LUCAS

INTRODUÇÃO (1,1-4)

1ª PARTE (1,5-4,13)
• duas infâncias (1,5-2,52): João Batista e Jesus
• preparação da missão de Jesus (3,1-4,13)

2ª PARTE (4,14-24,53): Atividade libertadora de Jesus
• Na Galileia (4,14-9,50): 14 dos 18 milagres em Lucas são realizados na Galileia

---

- Em viagem para Jerusalém (9,51-19,28)
- Em Jerusalém: confronto com os poderosos (19,29-24,53)
  - confronto (19,29-21,38)
  - consequências (capítulos 22-23)
  - a glória de Jesus (capítulo 24).

A parte mais original encontra-se na longa e demorada viagem de Jesus a Jerusalém (Lc 9,51-19,28). Não se trata de simples viagem geográfica. É, sobretudo, uma viagem que poderíamos chamar de catequética. À medida que Jesus caminha em direção a Jerusalém, onde será morto e ressuscitará, as pessoas que o encontram são provocadas a uma tomada de posição, a favor dele ou contra. Em outras palavras, trata-se de uma viagem-julgamento, pois o encontro com Jesus faz as pessoas tomarem consciência de quem são e do que estão buscando. E isso ao longo de dez capítulos, ou seja, mais de 41% do Evangelho.

2.2. Algumas "amarras" entre o Evangelho de Lucas e os Atos dos Apóstolos

Além de bem organizado em si, o Evangelho de Lucas tem muitas "amarras" com a segunda parte da obra, ou seja, os Atos dos Apóstolos. Imagine uma porta antiga de duas folhas, sobre as quais há um único desenho. Assim é a obra de Lucas com suas "amarras". Vamos ver algumas:

- *A cidade de Jerusalém* (Lucas 1,5ss; 24,50-53; Atos dos Apóstolos 1,1ss; 1,8; 28,11ss). O Evangelho de Lucas começa e termina em Jerusalém, e os Atos dos Apóstolos se iniciam em Jerusalém para alcançar os confins do mundo.

- *O Espírito Santo agindo*: Lucas 1,26-38 (em Maria); 1,39-45 (em Isabel); 1,67-79 (em Zacarias); 2,25-32 (em Simeão); 2,36-38 (em Ana, pois ela é profetisa); 1,44.66.80; 1,15 (em João Batista); 4,14-30 (em Jesus; veja 23,46); é prometido (24,49); Atos dos Apóstolos 1,5.8; desce sobre os apóstolos (2,1-11).

- *O testemunho* (Lucas 24,48; Atos dos Apóstolos 1,8; 2,32 etc.).

CONTINUANDO A DESCOBRIR "AMARRAS"

Compare: Lucas 7,1-10 com Atos dos Apóstolos 10; Lucas 8,49-56 com Atos dos Apóstolos 9,36-42; Lucas 8,22-25 com Atos dos Apóstolos 27,13-26; Lucas 9,51 com Atos dos Apóstolos 19,21; Lucas 23,34 com Atos dos Apóstolos 7,60.

2.3. Classes sociais no Evangelho de Lucas

No Evangelho de Lucas há várias parábolas que só ele transmitiu. Examinando-as com atenção do ponto de vista das classes sociais, descobrimos uma verdadeira pirâmide, a vergonhosa pirâmide da desigualdade, que pode ser completada com outros textos próprios de Lucas (cf. Halvor Moxnes, *A economia do Reino*, Paulus, São Paulo, 1995). Assim:

• Ricos mui-
to ricos (Lc
16,19-31; 19,12),
que não moram no
campo: – relacionam-
-se entre si, em "circuito
fechado" (Lc 14,12-14;
14,16-24); – têm terras,
plantações e rebanhos (fazendas) e os arrendam (Lc 20,9-16);

• Ricos muito ricos que *vivem*
e trabalham no campo (Lc 12,16-21;
Lc 15,11-32, sobretudo v. 15);

• Camponeses que possuem pequenas propriedades e tocam o campo
com a família e algum empregado
(Lc 8,4-8; 11,5-8; 15,8-10; 17,7-10);

• Camponeses sem terra que trabalham a terra de
outros (Lc 20,9-16);

• Trabalhadores dependentes, servos e escravos: capatazes,
escravos domésticos ou do campo (Lc 12,35-48);

• Diaristas, sem terra, sem garantias de trabalho
ou de ganho (Lc 10,2; 15,17);

• Viúvas (Lc 18,1-5), mendigos (Lc 16,3.20-21), pobres, estropiados,
cegos e coxos (Lc 14,13);

• Bandidos que assaltam para não morrer de fome (Lc 10,30);

• Pessoas que não têm absolutamente nada e andam nuas (Lc 3,11).

Vamos comentar rapidamente. O ponto mais alto da pirâmide social é ocupado pelos ricaços. É o caso da parábola do rico esbanjador (Lc 16,19-31). A parábola diz que ele vestia púrpura e linho fino (roupas de grife e importadas) e se banqueteava com luxo todos os dias. À porta desse rico, jazia um pobre chamado Lázaro, que desejava matar a fome com aquilo que caía da mesa do rico. Não se tratava de migalhas, e sim do miolo do pão, com o qual as pessoas limpavam as mãos, como se fosse guardanapo. A parábola afirma que os cães vinham lamber-lhe as feridas. Na cultura dos judeus, o cachorro ocupa os primeiros lugares entre os animais impuros. Esse rico esbanjador certamente mora na cidade, centro de exclusão social (veja também Lc 19,12).

Esses ricaços relacionam-se entre si e têm horror de abrir o círculo para pessoas de posição social inferior (veja Lc 14,12-24). São donos de fazendas, mas não trabalham na terra, arrendando-a a outros (veja Lc 20,9-16).

Logo abaixo encontram-se ricaços que se distinguem dos primeiros unicamente por viverem e trabalharem no campo (veja Lc 12,16-21; 15,11-32).

Em seguida, vêm os pequenos proprietários de terra que tocam o campo com a família e às vezes algum empregado. As indicações são muitas (veja, por exemplo, Lc 8,4-8; Lc 11,5-8; Lc 15,8-10; Lc 17,7-10). Em Lc 11,5-8, encontramos a parábola do amigo que vai bater à porta do outro amigo, altas horas da noite, pedindo pães emprestados. Lá de dentro, o amigo responde que já está deitado com toda a família. A dificuldade residia no seguinte fato: a casa dessa família tinha um cômodo só; todos dormiam pelo chão e, não raras vezes, nesse único cômodo pernoitavam também animais, como cabritos ou ovelhas e galinhas. Perambular no escuro, neste caso, era bastante arriscado.

A seguir, encontramos camponeses sem terra que trabalham a terra de outros. É o que podemos deduzir da parábola dos agricultores homicidas (Lc 20,9-16), narrada também por Mateus e Marcos.

Descendo para a base, encontramos trabalhadores dependentes, servos e escravos: capatazes, escravos domésticos ou do campo (Lc 12,35-48).

Mais abaixo, encontram-se os diaristas, trabalhadores sazonais sem terra e sem garantia de trabalho ou de ganho (veja, por exemplo, Lc 15,17). É o caso também da famosa frase de Jesus: "Peçam ao dono da colheita que envie trabalhadores para a colheita".

Em seguida, encontramos as viúvas (Lc 18,1-5), os mendigos, como Lázaro (Lc 16,3.20-21), os pobres, os estropiados, os cegos e os coxos. Jesus aconselha os ricos muito ricos a abrirem o circuito fechado para esses grupos excluídos, que não podem retribuir por não terem bem algum (veja Lc 14,13). Acrescente-se a isso o estigma de serem considerados punidos por Deus.

Ocupando o penúltimo lugar, encontramos os bandidos (Lc 10,30). Eles não se resignam a morrer de fome, por isso vivem de assaltos ou pequenos furtos. O fenômeno do banditismo no tempo de Jesus tem muito a ver com a questão da fome. Assemelha-se aos saques de supermercados em tempos de extrema dificuldade.

Finalmente, a base da pirâmide é formada por pessoas que não têm absolutamente nada e andam nuas. Deduzimos isto da pregação de João Batista, que diz: "Quem tiver duas túnicas dê uma a quem não tem" (veja Lc 3,11). No tempo de Jesus, havia pessoas que sequer tinham roupa para vestir. É provavelmente também a situação do endemoninhado que se esconde no cemitério para ocultar a própria nudez (veja Lc 8,26-39).

2.4. Solidariedade em Lucas

Os evangelhos – sobretudo os três primeiros – mostram Jesus vivendo e agindo nas aldeias da Galileia. Em Lucas, 14 dos 18 milagres narrados são realizados na Galileia. Podemos, então, afirmar que Jesus foi um homem ligado às aldeias e ao campo, vivendo quase exclusivamente na região norte da Palestina, conhecida como Galileia.

Para entender melhor sua mensagem, é oportuno ter presente como era a vida nessas aldeias, o seu arranjo social. Numa aldeia, todos se conheciam e eram praticamente todos parentes. Havia, por isso, muita solidariedade entre as pessoas. Não havendo praticamente circulação de moeda, a vida das pessoas baseava-se na troca de bens e nos mutirões, caso houvesse necessidade. A aldeia, portanto, favorecia a sobrevivência para todos, mesmo em tempos de dominação estrangeira, como na época de Jesus. Se alguém viesse a se encontrar em necessidade, toda a aldeia se unia para socorrer essa pessoa. Assim sendo, praticamente não se via aí o fenômeno da exclusão social e do banditismo, pois todos tinham o suficiente para viver. Não havendo concentração, não havia também exclusão. A mendicância e a prostituição não frequentavam as aldeias. Ainda sobrevivia o antigo sistema das tribos na época anterior à monarquia. Aí havia muita partilha e solidariedade, pois não se conhecia o dinheiro.

Bem outra era a realidade das grandes cidades no tempo de Jesus. Aí vigorava um arranjo social que favorecia a vida para poucos, gerando toda forma de exclusão: desemprego, violência urbana, mendicância, prostituição, banditismo etc. Cada qual pensava só em si e procurava tirar o máximo de vantagem. Podemos, então, afirmar que entre o arranjo social das cidades e o das aldeias existe um abismo cruel.

COMPROVE

Leia Lucas 7,36-50 e descubra que a mulher se prostituía na cidade. Leia Lc 12,16-21 e descubra que a ideologia do fazendeiro rico é a concentração de bens. Leia Lc 16,1-8 e descubra a ideologia da ganância e da corrupção na cidade. Leia Lc 16,19-31 e descubra que a mendicância é um subproduto da cidade.

• *Quem sustenta esse sistema?*

Muitas vezes, no Antigo Testamento, a abundância de bens era vista como sinal da bênção de Deus, e a pobreza, bem como a doença, eram tidas como maldições divinas. No tempo de Jesus, havia pessoas que ainda defendiam esse pensamento e, evidentemente, pretendiam levar vantagem.

No Evangelho de Lucas fica muito claro quem é o grupo responsável por essa ideologia. Trata-se simplesmente do grupo dos fariseus. Em Lc 16,14, eles são chamados de "amigos do dinheiro". Mas escondem isso com uma fachada de religiosidade e com relações de interesse. Eles são os maiores defensores da religião do puro e do impuro, considerando-se santos e perfeitos, evitando o contato com pobres e doentes, pois a própria palavra "fariseu" significa "separado", ou seja, alguém que não se mistura com pessoas de classe social inferior. E isso em nome da religião, como se o próprio Deus abominasse os doentes e pobres.

Na pirâmide social do seu tempo, os fariseus só se relacionam com pessoas da mesma classe, isto é, pessoas consideradas puras e praticantes escrupulosas de toda a Lei (613 mandamentos).

• *A proposta de Jesus, homem das aldeias*

Jesus propõe algo totalmente novo, capaz de eliminar o arranjo social excludente das cidades. Em lugar da concentração de bens (Lc 12,16-21), ele propõe a partilha e a solidariedade como nova forma de pureza: "Deem o que possuem em esmola e tudo ficará puro para vocês!" (Lc 11,41); "Vendam seus bens e deem esmola" (Lc 12,33).

No Evangelho de Lucas, esmola não é a moedinha que damos ao pedinte quando fecha o farol; a palavra "esmola", em grego, diz-se "eleemosyne", termo formado por *éleos*, isto é, misericórdia. E misericórdia significa "dar o coração aos míseros". A palavra que bem traduz "esmola" é "solidariedade".

"Esmola", portanto, é sinônimo de partilha, exatamente como se fazia nas aldeias da Galileia no tempo de Jesus. É partilhar como ensinou João Batista: "Quem tem duas túnicas, dê uma a quem não tem" (Lc 3,11). Note bem: Ele não diz "quem tem muitas", mas "quem tem duas, dê uma", isto é, uma túnica para cada pessoa. Foi isto que os primeiros cristãos de Jerusalém praticaram (Atos dos Apóstolos 2,42-47; 4,32-35). Era isto que fazia Cornélio (Atos dos Apóstolos 10,2).

O EXEMPLO DE ZAQUEU

Leia Lucas 19,1-10, seguindo estes passos: **1.** Descubra na pirâmide social onde se situava Zaqueu antes de conhecer Jesus; **2.** Relacione a fala de Zaqueu com o pedido de João Batista em 3,11; **3.** Grave bem o que ele fez com os 50% que lhe restaram; **4.** Veja, na pirâmide, qual é o novo lugar social de Zaqueu; **5.** Compare com o lugar social de Jesus em 9,58.

2.5. O Evangelho dos pobres

Lucas é o evangelho que mais aborda o tema da pobreza, a ponto de podermos chamá-lo "O Evangelho dos pobres". De fato, desde o início, nota-se a predileção de Deus pelos despossuídos. Em primeiro lugar, os pais de João Batista (Lc 1,5-25). Vivem nos morros da Judeia como casal idoso e pobre. Isto se pode deduzir do fato de Zacarias exercer sua função sacerdotal somente uma semana ao ano. Ele pertence ao "baixo clero", que vive afastado do Templo e de suas regalias.

Os pais de Jesus também são pobres. Notamos isto a partir de Lc 2,24, quando eles oferecem em sacrifício um par de pombinhos, a oferta dos pobres.

No deserto, já adulto, João Batista propõe a partilha como ação concreta que prepara o caminho para a chegada do Salvador (Lc 3,1-18).

A primeira apresentação oficial de Jesus, na sinagoga de Nazaré, mostra qual era seu programa de vida: "O Espírito do Senhor está sobre mim, porque ele me consagrou com a unção, a fim de levar a boa notícia aos pobres..." (Lc 4,18).

Com esta chave de leitura, pode-se percorrer todo o Evangelho de Lucas e boa parte dos Atos dos Apóstolos.

2.6. A viagem de Jesus a Jerusalém (e sua volta ao Pai)

Lucas 9,51-19,27 é uma longa viagem de Jesus a Jerusalém. Mais que um itinerário geográfico, trata-se de uma "viagem catequética" ou, se quisermos, de uma viagem de *julgamento*. De fato, Jesus andarilho provoca as pessoas a uma tomada de posição sem meios-termos: ou com ele ou contra ele. É o que podemos notar, por exemplo, na segunda cena dessa viagem (Lc 9,57-62): três pessoas querem seguir Jesus pela metade.

Ao longo dessa viagem, o Jesus de Lucas conta umas parábolas e é sujeito de episódios que se encontram somente neste Evangelho. Essas parábolas e esses episódios dão cores próprias ao Jesus de Lucas.

– A parábola do bom samaritano
– Marta e Maria
– A parábola do pastor e da ovelha perdida
– A parábola da mulher e da moeda perdida
– A parábola do "filho pródigo"
– A parábola do administrador infiel
– A parábola do rico esbanjador e o pobre Lázaro
– O episódio dos dez leprosos
– A parábola do juiz injusto e a viúva persistente
– A parábola do fariseu e o cobrador de impostos
– O episódio de Zaqueu e Jesus

2.7. Jesus e as mulheres em Lucas: igualdade

Mais do que nos outros evangelhos, as mulheres ocupam um espaço importante e são postas em pé de igualdade com os homens. Mais ainda: às vezes, são protagonistas de ações que nem os discípulos próximos a Jesus são capazes de cumprir. Vejamos alguns exemplos:

Nas narrativas da infância (Lc 1 e 2), encontramos três mulheres e três homens que recebem o mesmo Espírito (veja também Atos dos Apóstolos 1,14 e 2,1).

Uma mulher é apresentada como modelo de discipulado perfeito: Maria, mãe de Jesus (Lc 1 e 2; 11,27-28).

O mesmo se diga de Maria, irmã de Marta (Lc 10,38-42). Detalhe interessante: na cultura do povo judeu, as mulheres não deviam frequentar um mestre; e um mestre que se respeitasse não perdia tempo ensinando mulheres.

No Evangelho de Lucas, as mulheres são servidoras à semelhança de Jesus-servidor (Lc 4,18-19). Maria de Nazaré se declara serva do Senhor e corre às pressas para a serra da Judeia, a fim de servir Isabel (Lc 1,39-56). Também a sogra de Simão Pedro, apenas curada por Jesus, põe-se a servir (Lc 4,38-39). Detalhe importantíssimo: elas são as mantenedoras do ideal das aldeias: aquilo que possuem é posto à disposição de Jesus e seus discípulos (Lc 8,1-3). A própria Marta (Lc 10,38ss), em que pese a observação de Jesus, é tipo da pessoa que se preocupa em acolher bem as visitas. A viúva que se entrega totalmente (Lc 21,1-4), sem dizer palavra alguma, é expressão máxima de amor a Deus: ela não dá simplesmente coisas, mas, dando tudo o que possui, doa-se completamente. É a atitude religiosa perfeita.

Encontramos em Lucas também mulheres marginalizadas: a viúva de Naim (Lc 7,11-17), pela qual o Senhor se enche de compaixão; a prostituta da cidade (Lc 7,36-50), que para Jesus tem expressão elevada de amor; a viúva persistente (Lc 18,1-8), que Jesus apresenta como modelo de pessoa perseverante na oração e na luta pela justiça.

Finalmente, encontramos também as mulheres apóstolas ou anunciadoras do Senhor Ressuscitado (Lc 24,1-11).

MARIA MADALENA PECADORA?

Muita gente confunde Maria Madalena com a prostituta de Lucas 7,37-51. Outros a confundem com Maria, irmã de Lázaro (João 11). Outros ainda pensam que ela seja a irmã de Marta (Lucas 10,38-42). Finalmente, há quem a identifique com a mulher que ungiu Jesus em Betânia (Mateus 26,6-13; Marcos 14,3-9; João 12,1-8). Todas essas identificações são falsas. De Maria Madalena se diz que Jesus a libertou de sete demônios (Lucas 8,2). Ela esteve junto à cruz, quando Jesus morria (João 19,25). Porém, a característica mais saliente de Maria Madalena é esta: nos quatro evangelhos, ela é apresentada como a primeira anunciadora da ressurreição de Jesus, fato que lhe valeu justamente o título de "apóstola dos apóstolos".

2.8. Lucas e o ecumenismo

Talvez por ter sido companheiro de Paulo em suas viagens missionárias, registradas no livro dos Atos dos Apóstolos, Lucas apresenta Jesus aberto a todos os povos e culturas, muito mais que os outros evangelistas. A explicação é bastante simples: enquanto Mateus escreveu seu Evangelho para comunidades nitidamente judaicas, Lucas direciona sua mensagem para comunidades de outras culturas. Por isso se esforça em captar aqueles aspectos que tornam o seu Evangelho mais universal, ecumênico e aberto a outras culturas. Vamos ver alguns detalhes:

Em primeiro lugar, a genealogia de Jesus (Lc 3,23-38), muito diferente da genealogia de Mateus 1,1-17. Enquanto Mateus se preocupa em mostrar os antepassados de Jesus ligados aos reis de Israel, fazendo-os depender de uma promessa feita ao rei Davi, Lucas elabora a lista dos antepassados de Jesus iniciando por José e terminando em Adão, filho de Deus. Nota-se logo o caráter mais aberto e universal: Jesus não é simplesmente membro de um determinado povo, mas tem raízes comuns com todos os seres humanos, Adão e Deus.

O episódio da cura do empregado do oficial romano também é muito interessante. O milagre é narrado por Mateus (8,5-10.13) e com substanciais diferenças por João 4,46-54. Lucas, nesse episódio, tem observações que ressaltam o respeito do oficial romano pela religião e cultura dos judeus e, vice-versa, o carinho das autoridades judaicas em relação ao chefe pagão. De fato, os líderes judeus insistem com Jesus, dizendo: "O oficial romano merece que lhe faças esse favor, pois ele ama o nosso país, e até construiu a nossa casa de oração" (Lc 7,4-5). Este detalhe, próprio de Lucas, revela a sensibilidade do oficial pagão pela religião dos judeus. Além de não impedir a prática da religião judaica, estimula-a, construindo a sinagoga.

Quando Jesus está para entrar na casa do oficial pagão, ele, pensando ser Jesus um judeu tradicional, faz de tudo para não constrangê-lo a violar os preceitos religiosos dos judeus, pois estes não podiam entrar na casa de um pagão sem se contaminar. O oficial, então, quando vê Jesus chegando, envia ao encontro dele alguns amigos para lhe dizerem: "Senhor, não te incomodes, porque não sou digno de que entres em minha casa; eu mesmo não me considerei digno de ir ao teu encontro. Mas dize uma palavra, e meu empregado ficará curado" (versículos 6-7).

Você pode, nesta mesma linha, ler o texto paralelo de Atos dos Apóstolos, capítulo 10. Leia com muito cuidado, pois o preconceituoso não é Cornélio, o oficial romano, e sim o próprio Pedro.

Outro episódio exemplar encontra-se em Lucas 9,51-56. Jesus está iniciando sua longa viagem para Jerusalém e sua volta para o Pai. Está na Galileia e, para chegar a Jerusalém, tem de atravessar a Samaria. Ora, sabemos que judeus e samaritanos não se davam bem, e o motivo maior estava ligado à religião (veja o capítulo 4 do Evangelho de João). Jesus envia à sua frente dois discípulos para que lhe preparem um lugar a fim de pernoitar. Os samaritanos, porém, vendo que eles se dirigiam a Jerusalém, negaram-lhes hospitalidade, atitude grave na cultura do tempo e do lugar. Diante disso, dois discípulos de Jesus pedem licença para invocar a ira divina, que acabaria com os samaritanos, fazendo cair sobre eles raios mortais. Jesus, porém, longe de se queixar dos samaritanos, repreende os discípulos, dando a entender que a xenofobia e o fanatismo religioso são atitudes mais graves que a recusa de hospitalidade. O tempo iria dar razão a Jesus. De fato, a Samaria foi a primeira região fora da Judeia a acolher a mensagem de Jesus (veja Atos dos Apóstolos 1,8; 8,4-8).

Há também o episódio no qual Jesus envia os 72 discípulos (Lc 10,1). Em Lucas, atribui-se aos 72 discípulos aquilo que em Mateus 10 é prerrogativa dos Doze Apóstolos. É bom lembrar que o número 72 recorda as nações de Gênesis 10. Para Lucas, que juntamente com Paulo não fez parte do grupo dos Doze Apóstolos, a missão não é monopólio de uns poucos, mas compromisso de todos, representados pelo número 72.

Quando Jesus morreu na cruz, um pagão reconhece aquilo que muitos judeus – sobretudo o Sinédrio – recusaram-se a reconhecer, ou seja, que Jesus é justo (Lc 23,47).

Finalmente, mas não querendo ser exaustivo, lembremos o episódio de Jesus comendo peixe assado após a ressurreição (veja Lucas 24,36-43). Lucas é o único evangelista a recordar essa cena, e o faz tentando inculturar a mensagem num contexto de cultura grega que dificilmente admitia a ressurreição do corpo.

Terceira parte

ESPIRITUALIDADE PARA O TEMPO COMUM

1. Espiritualidade cheia de esperança

A primeira indicação nos é dada pela cor litúrgica do Tempo comum, o verde. Para nós, simboliza a esperança. O contrário dela pode chamar-se desespero, estagnação, imobilidade. A esperança está associada a caminho, viagem, meta a ser alcançada. Só não caminha quem desistiu de viver; anda a esmo quem não tem meta para atingir.

O ser humano é um ser a caminho. E caminhando ele vai se fazendo, se descobrindo, se superando, como proclama-se: Ó homem, caminho não há; caminhando se faz caminho. Jesus se proclamou Caminho para nós. Na caminhada, há pedras, obstáculos. Mas para que servem os obstáculos? Alguém disse muito bem, ao comparar os obstáculos da vida com a modalidade de atletismo conhecida como salto em altura ou salto com vara. Há à nossa frente um obstáculo: ele nos pode arrasar ou nós podemos superá-lo, superando-nos. É só tentar, caprichar mais, concentrar-se mais e saltar com todas as energias. Se conseguirmos na primeira tentativa, ótimo! Vamos em frente. Se não conseguirmos, vamos tentar mais uma vez, pois a vida é feita de tentativas.

Superado o obstáculo, nos descobrimos mais fortes, nossa autoestima cresce, nem imaginávamos antes ser possuidores de tais capacidades. O obstáculo superado nos revela vencedores. E assim caminhamos com maior energia e consciência. O sol será mais brilhante nesse dia, pois além dele brilha também o nosso sol interior, essa luz que precisamos alimentar continuamente.

Na Bíblia, Abraão é conhecido como homem da esperança, aquele que acreditou contra toda esperança. Deus lhe havia prometido terra e descendência. Velho, idosa a sua esposa, obtém Isaac, seu filho, justamente quando as expectativas humanas já não prometiam coisa alguma. Ele teve de chegar aos cem anos para gerar com sua idosa e estéril esposa o filho da promessa, Isaac, nome que significa sorriso. No fim, a esperança nos fará sorrir.

A outra promessa era a posse da terra na qual Abraão se encontrava. Era terra dos outros. A esperança o levou a comprar uma gruta – preço salgado – para sepultar sua amada esposa. Mas a esperança não havia sido sepultada. A posse definitiva da terra viria com a luta dos seus descendentes. E nos seus descendentes, frutos da esperança, ele podia considerar-se vitorioso, pois esperou sem duvidar, agiu sem fraquejar.

A esperança não decepciona, escreveu o apóstolo Paulo na carta aos Romanos (5,2). Decepcionados poderão ficar aqueles que não acreditaram nela. Acreditar na esperança é apostar em si próprio, apostar naquilo que temos de mais sagrado, a nossa vida.

2. Espiritualidade e meio ambiente

Quando dizemos "verde" estamos entrando no campo da ecologia, do meio ambiente, pois verde é a cor das matas, das plantas que purificam o ar que poluímos. A espiritualidade ligada ao meio ambiente é a espiritualidade de São Francisco e de papa Francisco, espiritualidade que descobre o sagrado na criação, preocupando-se com o mundo, nossa casa comum. É espiritualidade da Nova Jerusalém, a terra sem males, sem clamores.

O contato com as coisas criadas, a sensibilidade para com todos os seres criados nos aproximam de Deus, autor de toda beleza e de toda vida. Essa espiritualidade nos leva a cultivar flores, plantas, não poluir as águas, a defender as florestas, vistas como nossas aliadas na defesa da vida. Quem cuida do meio ambiente demonstra que ama a vida, e quem ama a vida está em paz com o Senhor. A espiritualidade ligada ao meio ambiente ampliou o sentido do amor ao próximo. Próximo não é só o ser humano, mas todo ser vivo que queremos cheio de vida para que com a vida louve o Criador e Senhor da vida.

O Tempo comum adquire assim novo sentido. É o tempo comum para todas as pessoas e ocasiões. Se assumirmos esse compromisso, nossas celebrações serão celebrações de toda a criação. O pão e o vinho que apresentamos ao Senhor carregam consigo toda a natureza. Ela nos pede licença para celebrar conosco a festa da vida. Jesus quis tornar-se pão e vinho para ensinar-nos que a natureza é sagrada, foi feita para a comunhão. Cultivando a espiritualidade ecológica descobriremos que as plantas não produzem para si mesmas, mas são grande prova de "fazer para os outros", "ser para os outros". Por que haveria eu de destruir ou maltratar quem trabalha para meu bem, minha saúde, minha vida?

A natureza é uma farmácia aberta. Deus pôs nela todos os remédios para nossos males. A mãe terra nos ama, quer sentir o calor da planta dos nossos pés. A irmã água quer lavar-nos de toda sujeira; o irmão ar quer preservar nossos pulmões. Quem não cuida da natureza descuida de si mesmo. Quem ama e protege a natureza no fundo está amando o Senhor. Como dizia aquela senhora:

"Quem ama a flor, ama nosso Senhor". Ou, como dizia outra senhora: "Quem não ama a flor não tem amor".

3. Espiritualidade do arroz com feijão

Alguém poderá dizer que Tempo comum é tempo de rotina. Então, bendita seja a rotina, porque nossa vida é constituída por ela. Olhemos o que se faz na cozinha: lavar, sujar, tornar a lavar para sujar novamente. Há uma verdade nessa rotina: ela é um meio de se chegar à santidade. Sim, é possível ser santo lavando e esfregando panelas, pilotando um fogão, como se diz. Acaso não almoçamos e jantamos todos os dias? Então, se não concordamos que a rotina é boa, deixemos de almoçar, deixemos de trabalhar...

Arroz e feijão todos os dias são rotina, bendita rotina. É o prato do brasileiro. Aqueles que vivem freneticamente à procura de coisas novas todos os dias acabam sendo vítimas das expectativas. E as expectativas são um vampiro que nos suga o sangue, tornando-nos infelizes e insatisfeitos, correndo o risco de perder o sentido da vida.

A espiritualidade do Tempo comum é como o arroz e o feijão: pertencem ao nosso cotidiano. Sem eles não vivemos, sem ela, nossa alma definha. Os santos assim se tornaram fazendo coisas pequenas e simples. Nada é pequeno onde o amor é grande, dizia uma santa. Erradamente, há pessoas que creem somente se virem coisas extraordinárias e milagrosas. O milagre está em viver bem as coisas do cotidiano. A espiritualidade do Tempo comum é como o arroz e feijão de todos os dias. Não é isso que pedimos ao Pai quando rezamos "O pão nosso de cada dia nos dai hoje"? Acaso há coisa mais gostosa e necessária que o pão?

Apêndice

Santos e Bem-Aventurados Brasileiros ou que Viveram no Brasil

Santos

- São José de Anchieta, missionário jesuíta (9 de junho)
- Santa Paulina do Coração Agonizante de Jesus, religiosa fundadora (9 de julho)
- Santo Antônio de Sant'Ana Galvão, missionário franciscano (25 de outubro)
- Santos Roque González, Afonso Rodríguez e João del Castillo, missionários mártires (19 de novembro)

Bem-aventurados
- Bem-aventurada Lindalva Justo de Oliveira, mártir (7 de janeiro)

- Bem-aventurados Manuel Gómez González e Adílio Daronch, mártires (21 de maio)
- Bem-aventurada Francisca de Jesus (Nhá Chica), leiga (4 de junho)
- Bem-aventurada Albertina Berkenbrock, mártir (15 de junho)
- Bem-aventurada Assunta Marchetti, religiosa co-fundadora (1º de julho)
- Bem-aventurados Inácio de Azevedo e Companheiros, mártires (17 de julho)
- Bem-aventurada Dulce dos Pobres, religiosa (13 de agosto)
- Bem-aventurado Eustáquio van Lieshout, sacerdote (30 de agosto)
- Bem-aventurados André de Soveral, Ambrósio Ferro e Companheiros, mártires (3 de outubro)
- Bem-aventurado Mariano de la Mata Aparício, sacerdote (5 de novembro)
- Bem-aventurada Bárbara Maix, religiosa fundadora (6 de novembro)
- Bem-aventurado Francisco de Paula Victor (Padre Victor), sacerdote (23 de setembro)

A marca FSC® é a garantia de que a madeira utilizada na fabricação do papel deste livro provém de florestas que foram gerenciadas de maneira ambientalmente correta, socialmente justa e economicamente viável.

Este livro foi composto com as famílias tipográficas Cinzel e Adobe Caslon Pro e impresso em papel Offset 63g/m² pela **Gráfica Santuário**.